婚前算清楚 婚后过明白

婚前现实，总好过婚后凌迟

海伦◎著

湖南文艺出版社
HUNAN LITERATURE AND ART PUBLISHING HOUSE
博集天卷
CS-BOOKY

目录
CONTENTS

4 相处模式的建立和改善 / 103

从今天开始相互拥有、相互扶持，无论是好是坏、富裕或贫穷、疾病还是健康，都彼此相爱、珍惜，直到死亡才能将我们分开。

——西方婚礼誓词

结婚前应相互提问的18个问题

1. 你们相爱吗？你通过哪些方式去爱对方？对方接受你的方式吗？

2. 你们有哪些不同之处？你们接受彼此的不同吗？不接受的话如何处理？

3. 你们最欣赏彼此什么优点，认为对方的缺点是什么，彼此交换过意见吗？

4. 你们会为家庭生活奉献什么？与自己的单身生活相比，作出哪些改变？

5. 你们了解对方的婚姻理想吗？如何去实现你们的婚姻理想？

6. 你们对家庭发展的前景和责任有足够的估计吗？大家应该如何承担这些责任？

7. 你们的经济状况如何？婚后该如何计划开销、储蓄和投资？

8. 你们是否了解对方的职业、朋友圈、业余爱好？

9. 你们如何看待彼此的父母和家人，这些看法沟通过吗？接受彼此的看法吗？

10. 你们的健康情况如何，有无隐瞒病史？

11. 你们信任对方吗？你们的沟通是诚恳直率的，有保留的，还是无法沟通？

12. 你们对争吵和冷战怎么看，你们生活中是否发生过这样的情况，以后如何改善？

13. 你们会对彼此使用家庭暴力吗？

14. 你们打算要孩子吗？对如何养育孩子的看法一致吗？如果不一致，以谁为主？

15. 你们对贫穷、疾病等意外怎么看?

16. 你们是否会背叛对方?是否会与其他异性暧昧，有肉体或精神上的出轨?

17. 你们决定跟对方携手走过漫长的人生了吗?

18. 你们愿意共同面对现实中的种种问题，并一起努力解决吗?

自序

我们经常听到这样的话：

早知道是这样的话我就不结婚了！

为什么婚后我们的爱就越来越少了？

原来他/她是这么现实的人，太让人失望了。

我们不是发誓要过一辈子的吗？为什么现在开始认真地考虑离婚了？

事实上，从恋爱到结婚的过程，是人生中很艰难的一步。两个人开始过同一种生活，所有的现实问题都会浮出水面，考验着夫妻对于婚姻的应对能力。太多的细节是恋爱中的人无法想象的。而太多的恋人，在沉醉于爱情时，忘记了现实的存在。

结婚需要准备吗？我们相爱，就足以构成幸福婚姻的条件了吗？不，不是这样的，或者说，不完全如此。在走进婚姻之前，男女双方最好进行翔实、全面的沟通、了解，尽量消除婚后生活的各种障碍。

婚姻之所以复杂难解，是因为双方处理各种问题时的种种摩擦太容易伤害感情。身在职场中的我们知道，保持冷静和理性，是解决问题最好的态度，那么，婚前的准备工作也是一样，请尽量客观地评价和描述自己的现实情况，计划未来的共同生活，并和你的另一半交换意见。

两个人的差异是一定会有的，因为你选择的对象是跟你完全不同的一个人，从性别到性格，从人生观到生活方式都是完全不同的。如果发现了差异，请先接受，再沟通，保持平和、包容的心态，你会发现，很多原本你认为根本无法解决的问题，其实也不算什么。

一种值得深思的婚姻观是，结婚就是找个人来依赖。对于主张特立独行的现代人来说，这样的想法在很多人内心深处依然存在，在某杂志进行的一次网络调查中，选择这一观点的人超过了60%，而且有趣的是，男人和女人同时都作了这样的选择。

问题来了，如果婚姻是为了依赖，如果两个人都是抱着这样的念头而组成一个家庭，那么谁是被照顾的一方，谁是照顾别人的一方呢？婚姻涉及诸多的责任，谁承担得多一些，谁又承担得少一些？

我们会惊讶地发现，大部分婚姻中的争执都来自于此。这样的争端直接导致的是另一个问题：你不爱我了，若你真的爱我，你就会为了我做很多事。

当我们把不能解决的现实问题归罪于不爱了，不够爱，我们就等于否定了自己的爱情，否定了自己婚姻的基础。所以，彼此灰心，抱怨，哭泣，互相指责……终于，一段婚姻变得伤痕累累，再也找不回当时的甜美。

做一个独立的人，无论婚前还是婚后，无论物质还是精神。这是我们首先应该坚持的东西。

独立思考给予我们理性的态度去面对两性关系，不因情绪的波动而作出轻率的决定。独立的经济条件让我们更好地安排自己的生活，掌握现在和未来。独立的人格，让我们知道什么是真正的爱，怎样爱自己，给予别人真正的爱。

婚姻中的独立尤为重要，无论男女，都不应该以爱为名义，过度依赖对方，无休止地索取、要求，却不知给予和回报。也不应该毫无主见，唯长辈之命是从，对婚姻的观点永远都是“别人说”，逃避自己内心的真实想法。

保持独立，保留各自的生活空间，保持良好的沟通和愉快的气氛，共同商量解决生活中的各种问题，承担自己应负的责任，实现不同阶段的人生计划。这样的婚姻，会让双方具有积极健康的心态，携手走向幸福。

笔者在公共论坛上发帖之后，先后有近万人跟帖、写信，倾诉内心的困惑，在这些问题的解答中，有一些核心的原则从未改变，其中独立是永远放在第一位的。此外，决心、耐心、信任、责任感、行动力、幽默感，这是构成理想婚姻的六个基本要素，向着这个方向去经营自己的婚恋关系，会有意想不到的变化发生。

有很多人向我描述过国外的婚前辅导，他们的课程内容翔实细致，让新婚夫妻提前评估和预测自己婚后的生活，这样的课程对新人的帮助是非常大的，因为会有很多沉浸在恋爱中的情侣无法想象的问题，在婚后忽然出现在眼前。而婚前的准备工作，就是为新人们提供一个心理气垫，让我们的爱情，在婚姻中安全着陆，平稳行驶。

这也是本书的写作目的之一，希望你们的爱情，能够以幸福的婚姻作为美好结局，而不是让问题重重的婚姻扼杀了本来的爱，让两个相爱的人，变成一对婚姻枷锁中的冤家。

祝福每一段婚姻。

祝福每个即将走进婚姻的人。

请相信，每个人都拥有幸福的权利，都有创造幸福的能力。

海伦

1 坚持婚姻理想，打开礼物的包装

理想是生命的礼物，要打开华丽的包装，才能看到内核的真实。婚姻里存在问题并不可怕，可怕的是不肯去面对和解决。

理想始终住在你心里，一点一滴地完成自己的理想，内心会很充实。若总是停留在幻想中，却丝毫不肯付出，只把理想寄托在你的伴侣身上，你终究会失望。

生活的意义，是爱自己，爱你的伴侣；是在各自独立的基础上，创造出一段美好的关系、一个温暖快乐的家庭；是让自己的内心平和、满足、喜悦，也带给自己身边的人同样的感受。

去勇敢面对问题，承认问题，解决它！去勇敢地爱，去释放你的热情，去实现你的想法！

行动起来，为了自己的人生付出实际的努力，这条漫长的生命之路，需要我们跟自己的爱人携手同行，相濡以沫，互相鼓励，包容着走完。

让理想照亮我们的生活，不要让生活埋葬了理想。

我们为什么要结婚？

我们为什么要结婚呢？是因为相爱？因为到了结婚的年纪？因为彼此各个方面看着很合适？因为家庭的压力？因为意外怀孕？还是因为寂寞需要找个伴儿？

这是一个需要好好问清楚自己的问题。

有个女朋友离婚后对我说，她不是对前夫灰心，而是对婚姻本身灰心了。

我问她为什么，她说婚姻生活跟她原本想象的不一样，而且发现她理想中的婚姻，无论跟哪个男人都创造不出来。

我又问："那你跟你的前夫说过你的理想婚姻吗？"

她说刚说了个开头，就被前夫嘲笑了，以后没有办法再提起。我继续问："你理想中的婚姻，到底是什么样子的？"

她被问住了，沉默了一会儿，回答："就是，两个人……好好过呗。"

不行，这么模糊的答案连她自己都不满意，我继续追问。

最后她说："房子要大一点，两个人有各自独立的空间；周末有两个人共同参与的活动，比如郊游；希望老公能分担一些家务，注意卫生，愿意参加大扫除。"

她的要求一点儿都不过分，可是，她的前夫不愿意配合她，他喜欢睡懒觉、看电视、玩游戏，不喜欢去郊外，并且认为家务是女人的事，跟他没关系。

事实上，她的前夫也觉得很委屈："明明自己的工作已经很辛苦了，回到家还不能自由自在；虽然没有洗衣做饭，但新房装修、去超市大宗购物这类的事情也没少做啊；买大房子需要很大一笔钱，自己的经济实力目前也有限，为什么婚后妻子老是念叨多要几个房间呢？"

前夫也觉得自己的要求不过分，他无非是想找个温柔包容的妻子，能把家里打理好，不要苛求生活细节，全心全意支持自己打拼事业，不就行了吗？

他们为了这些琐事，吵了两年，终于分手。

平心而论，他们并不是不相爱。前夫给她买首饰、买新衣服从不吝啬；她出去参加聚会，前夫每次都来回接送。而她在外面吃到美食，总是记得给他打包一份；每个月都提醒着丈夫给公公婆婆打电话问候，怕老人家惦记他们。

但是，她想要的，他给不了。她给他的，他也觉得没什么，因为他一样也付出了，也对她好了——她对他的好难道不是应该的吗？

她跟我说完之后，叹气说："我从来没跟别人说过理想的婚姻，我觉得这件事不能强求，强求也没意思。"

好熟悉的话，因为我已经不是第一次听到，而且此后，我又陆续在许多人那里听到这样的说法。

我们不愿意提要求，我们希望一切是自觉的、自然的——就像有人读过我们的心，然后按照我们的心意，创造好了一切，奉献到我们眼前那么"自然"。

按照很多人的想法，如果把关于婚姻的需求摆到台面上讨论，那就是"强求"，再说，强求对方，也不见得对方就能做到，反而听到的是诧异的回应："啊，原来你居然这么想？！"

所以不说，所以沉默，所以等到各种琐事纠缠，彼此情绪爆发出来再大吵一架，才算得上是难得的交流。

我的朋友，如果你的婚姻理想只是你自己心中美好的秘密，那你怎么能让另一半对你有彻底的了解？他不了解你的需要，不接受你的需要，你们如何能拥有一个共同的美好生活？

我们不是为了一句"我爱你"而结婚的，我们结婚，是因为我们想要跟另一个人在一起，共同创造生活，享受幸福。

而结婚的本质，是两个不同的人要过同一种生活，这是我们在结婚前首先要明白的事。

我们不同的习惯、性格、观念，都会成为日后烦恼的来源，而“同一种生活”，会在这些“不同”的冲突中逐渐变形，最后，谁也不会拥有自己的理想婚姻，只会把彼此变成痴男怨女。

我们还试图说服自己：凑合着过吧，大家都是这么过来的，老了就好了，时间会磨平一切……但矛盾还是会在某一刻被激化，彼此终于忍无可忍，走到民政局去办理另一张证书……

——我们肯定不是为了要离婚才结婚的吧？

记住，我们是为了要跟另一个人在一起生活而结婚的，我们要一起创造生活，享受幸福，一起养育孩子，建立美满的家庭，快乐、坚强地携手走完漫长的人生。

所以在结婚前，我们很有必要跟对方好好地商谈一次。问问对方，你理想的婚姻是什么样子的，你需要什么，我需要什么，在了解了彼此的需要之后，我们对婚姻的想象，会渐渐落到实处。

说出你想要的，聆听他／她想要的

你理想中的婚姻是什么样子的？

——什么理想不理想的，不就是柴米油盐，成家过日子吗？

——我理想的婚姻生活，就像偶像剧里演的那样，每天早晨被爱人亲吻着醒来，餐桌上放着大把的鲜花和准备好的早餐，对了，房子要在海边哦，那样才浪漫！

——刚结婚那会儿还有点想法，现在早被生活磨光了，理想不过是骗骗自己的谎话而已，根本实现不了的，结婚最没意思了，你们单身的人可别学我。

……

提及理想的婚姻，每个人都有不同的理解，有人觉得婚姻应该和爱情一样神秘而美好，根本就不应该跟琐屑的现实生活扯上关系。还有人在经历过情感的一次次挫折之后，对婚姻开始持悲观态度，害怕一次次努力之后得到的还是失败。可是你有没有想过，婚姻是我们最不能放弃的一个理想，因为它即将伴随你一生，也就是永远。

我们为了学业苦恼，为了工作焦虑，连买一件衣服都要从质地到价格琢磨个遍——可是，爱上一个人，跟一个人在一起，我们却常常作出草率的决定。

有人常常拿这样的话开导自己：这是感情的事，感情不能斤斤计较，是，他/她各种条件都不够好，但谁让我们是真爱呢。

等到跟伴侣在磨合中遇到了问题，又很容易灰心丧气：我的心死啦，真没想到他/她是这种人，我们根本就不合适，这个人简直就是极品，我活得太悲惨了，离婚算了。

亲爱的，请别灰心，你的问题并非无法解决，只是在于没有意识到婚姻的真相——你的另一半不是不够好，他 / 她只是和你不一样。这是一个无比明确，却总是被人忽略的事实。

但我们一旦开始谈恋爱，就会把两个人看成一个人。“将你心，换我心，始知相忆深”这样美丽的诗句，在现实中往往是这样的：

女人在苦苦思念，想他想得掉眼泪；男人在呼呼大睡，同时还咯吱咯吱地磨着牙，流着口水……

男人在兴奋地讲解一场重要的球赛，女人却爱听不听，觉得那天他没有陪自己逛街实在令人不爽……

我们的心，不是一个 U 盘，里面记录的东西，不能那么容易就被谁读取，即使是你的爱人也不行。交流的需要，就这样产生了。不要以为你选择的运动鞋就一定适合他的审美观，也不要你的另一半不是不够好，他 / 她只是和你不一样。

以为你爱吃的饭菜，她也必须爱吃。

你喜欢什么？——你喜欢什么我就喜欢什么。

你想要什么？——告诉你就不好玩啦，你真正爱我的话就会知道的。

你讨厌什么？——你猜？！

你坚决不能接受什么？——我不告诉你。

……

你认为这是恋人之间的小情趣，其实，你亲手封闭了对方了解你的通道。与其日后反复地怄气、纠结，不如提前就沟通好：我想要的是什么，不喜欢的是什么，坚决不能接受的又是什么。这，总比你们玩着又疲惫又烦躁的猜心游戏要好。

——我们不妨以花朵为名，分享一下这个世界每天都在上演的婚恋故事。

山茶的丈夫最讨厌她每天跟自己提某某同事今天穿了什么，某某同事最近用了什么化妆品，某某同学聚会的时候新添置了什么。山茶的丈夫完全不懂那些品牌，他觉得她太爱虚荣，还让他的自尊受伤，他觉得她的意思是说，为什么我们什么都买不起，我们怎么那么穷？

而他那种厌恶的神色刺激了她，她坚持要说，丈夫越烦她越说。直到最后两人吵起来。

实际上，山茶的心思很简单，她希望丈夫能够明白，这些东西，都是她们的丈夫送的礼物，而她也希望拥有，当然，出于虚荣心，她向往高级的商品，于是她就把这两样混在一起——她想要她的丈夫给她买很多好东西，最好是她喜欢的名牌。

她希望他能关注她，能对她的话有兴趣，能接着她的话问一句："哦，你说的那样东西有那么好吗？你喜欢吗？你要是喜欢的话我买给你呀！"

山茶说，哪怕他不买，就是回应我一句也好啊，起码也让我高兴高兴……连骗骗我都不肯，可见他不爱我！

这是一个女人经常犯的错误：他应该明白——这么简单，这么顺理成章的事，他怎么就不明白。可是，这样的心思男人其实就是不明白，他必须要等你告诉他：我是女人，女人都喜欢礼物，送点礼物给我的话，我会很开心，具体送什么你可以参考这本杂志上的商品目录，上面有地址和价钱，注意，在香港买的话可以便宜很多。

夸张吗？惊讶吗？这就是现实，男人跟女人之间接收信息的不对称，已经被夸张到了你住火星我住金星的程度。如果你能认识到男女间的这些差异，在无数小事上提醒自己注意这一点，日后会让你的婚姻理想在现实中打下牢牢的地基。

现实与理想，距离有多远？

假设，只是假设而已：

你们已经很顺利地告诉了对方自己理想中的婚姻是什么样子的，假设你们没有说着说着就吵起来，也没有鄙视对方的追求。假设你们把自己的想法都说得很明确，明确到了将来要生几个孩子，房间要刷成什么颜色之类，是不是就要鼓掌庆祝：太好啦，我们就差领证了！

别着急，几乎可以百分之百确定的是，你和他/她脑子里的理想婚姻是两回事，即使你们有着超高的相似度，画面都是一样的，那么也会有立体和平面的区别。

桃花跟她的老公青梅竹马。连我们这些朋友都知道，她最大的愿望就是趁着年轻去旅游，多走几个地方。她也很明确地把自己的想法告诉了老公，希望结婚后每年两个人都能计划出去玩一趟。

她老公满口答应。基本上桃花说的所有关于结婚之后的事，他都答应得很好，如果桃花问起他的想法，他就说，都听你的。

很甜蜜吧，你也听另一半这么说过，是吗？事实上呢？

事实上，这是一种在现实尚未到来之前，不作任何考虑和计划的敷衍。

旅游需要钱，需要时间，还需要心情，这些事情桃花的丈夫都没有考虑到，他只想着先让她高兴高兴，而不是经过慎重考虑后给出的真实想法。

结婚后的桃花一次旅行也没有，不是钱不够，而是老公不想去，他直接告诉她：我没心思，我工作很忙，周末我要加班。

他们为了这件事吵过很多次，最后，他的真实想法终于表达出来了：我父母在家那么辛苦，我怎么好意思出去玩？

桃花就说，那我们带着他们一起出去玩。

他们年纪大了，不如给钱。

可是我们没少给钱啊？

……

总之这个问题一直没有解决，桃花唯一的小理想在婚后破灭了，她不止一次想过离婚。

她渐渐也明白了老公的理想婚姻：最好是妻子听从他的安排，不要有什么额外的花费，把钱都积攒起来，寄给双方的父母。

可是，这绝对不是桃花想要的生活。婚姻不是赚钱、省钱，存下来交给父母那么简单，她想要的生活，远比这个精彩。

关于婚姻理想的谈话，你的另一半是不是也敷衍过你呢？他/她是不是不耐烦地说，想这么多干什么呢？那么多事情，你能都想得明白吗？算了算了，都听你的吧，你说的一切我都服从。

恋爱时的甜蜜，让我们不敢说出自己的真实想法，害怕破坏了和谐美好的关系。其实，每个人心中有很多观念，早已根深蒂固，很难轻易改变。

桃花老公的想法，如果能描述出来应该是这样的：

最近十年我们的主要目标就是赚钱，赚钱的目的是为了孝顺父母，孝顺就是要多多地给钱，还要存钱，将来有了孩子开销会更大，万一我们生病了也需要钱。享受生活跟我没有关系，你们女人爱挥霍，别拉上我。

他也没有错。从外表上来看，他是个朴实、高大、体贴的男人，很听桃花的话，可以为她戒烟，每天都勤恳地做家务。只是因为成长环境的关系，对钱看得很重。

问题是，他们俩的理想，不能兼容。

他从来不赞美她的新衣服，不买花给她，不送任何礼物，其实，他的消费观念在婚前就已经表现得很明显。但是桃花选择听他说的“一切听你安排”，而没有认识到真相。

所以，如果你真的打算跟某个人结婚，很有必要检查一下彼此的真实想法，你们对于婚姻的理解差距有多大？大到了什么程度？

你们对幸福的理解，如果不一致，至少不要互相破坏。对桃花的丈夫来说，存下所有的钱才是幸福，那么，你去看山看水的期待，就不能实现。同样，如果你出去旅游，对他来说，你的“浪费”想起来都让他心痛。

桃花的问题其实很简单，她老公只要牺牲一点钱、一点时间就可以了。她除了出差，什么地方都没去过，他们夫妻俩收入不低，她的老公也不至于那么忙，连个周末都抽不出来。

但是他觉得这是原则，原则不能迁就，迁就一次还会有第二次，这样下去的话就真的存不住钱了。

可怕吗？桃花在婚前真不知道她的老公是这么想的，她真的以为他会完全听她的。

他们陷入婚姻的另一种局面——僵持，僵持就是关系还在继续，两人仍然履行着对家庭的各种义务，只是与幸福无关。

这对她老公来说还没什么，他习惯于这种简单沉闷的日子，而桃花的说法是，这样下去，我不是死了，就是疯了。

你可以说桃花的理想过高，责备她干吗不降低要求，你也可以同情她，为什么遇见了这样的老公。你还可以同情桃花的老公，他见不到妻子的笑脸，只怕自己也很难开心。

理想的差距就是这样无处不在，很多矛盾，是因为这些差距引起的，遗憾的是，即使我们婚前了解到了，这个人跟我们多么不同，还是心存幻想，他会改变吧？结婚会改变他吧？我多付出一些，也许他就会变得更好吧？

文竹遇到的问题是婆媳关系。她的理想婚姻不包括跟婆婆一起住，但是因为丈夫的坚持，她退让了，结果最后婆媳不能相处，离婚了。

他们两个人对理想婚姻的说法很一致：好好工作，供房供车，养育孩子。两个人都很实在，不讲究小情调、小浪漫什么的，都希望好好过日子，趁着年轻多发展一下事业。

按道理说，这么一致的目标，婚后应该能组成一个很美好的小家庭，幸福先不说，起码很安稳。

但是，他们没考虑到第三个人的因素，一句“一起住”，抹杀不了婆婆在生活中的作用。夫妻俩从饮食到作息，从消费习惯到娱乐活动，甚至性生活，都失去了自由。

一个控制欲强的人往往会毁掉别人的生活，文竹的婆婆做了一辈子的家庭妇女，家庭就是她的一切。

这些也是婚前的你想不到也看不到的。我们总觉得人生不可能有那么清晰的设定，但如果没有清晰的设定，之后的生活很可能在琐碎而温吞的外表下面目不清，离你的想象越来越远。

婆婆也不是坏人，离婚了文竹仍然这么说。婆婆也付出了很多，也不想儿子媳妇闹离婚。文竹说自己本来想好好孝敬老人，最后却被琐事磨碎了信心；婆婆也很伤心，觉得儿子离婚全是自己的错，当初就不应该跟儿子一起过；儿子则对文竹说，是我没本事让你过好，以后你找个更好的吧。

还有什么比这更悲哀？每个人都是好人，也理解对方的难处，可是彼此很难继续生活在一起。

婚姻生活中，每个人都要直面柴米油盐的考验，我们的理想是在现实中被磨灭，还是靠着我们的努力发光，完全由自己决定。对于你期待的婚姻生活状态，从现在起，就跟你的另一半好好规划一下吧。

你准备得到和付出什么样的爱？

婚姻不是独角戏，而是一场双人舞。没结婚的时候，大家都赞同婚姻生活中应该平等、尊重、信任、相互商量。一旦婚姻落到具体的个人身上，不同的想法就产生了：婚姻中一定要以我为中心，要是我不开心了，坚决不能忍受！还有人觉得，我这个人就是没主意，一切听另一半的就好了，操心多累呀，听他/她的我就可以偷懒了。为了爱，我可以付出一切，真爱至上。

事实上，固执于自我和完全没自我，同样会破坏婚姻的平衡。自私任性的人，会成为婚姻里的暴君，要求伴侣和孩子百依百顺，不可以有自己的想法，这样的婚姻是监狱。没有自我的人，会产生越来越多的抱怨，为了伴侣压抑着自己的需求，成为婚姻里的受害者。

而真正要达到理想婚姻中均衡、和睦的境界，需要我们付出很多努力，让对方充分了解自己的想法，也不断地去理解对方的想法。这其中积极有效的行动之一，就是沟通。

很多人觉得，情侣间讨论这些太过实际的问题很煞风景。婚前就把各种鸡毛蒜皮拿到桌面讨论，那简直是太……

太伤感情了？

我们总是害怕矛盾，害怕发现问题，总是心怀侥幸，期望一结婚就能让生活走上正轨，最好一下就走到我们的理想婚姻的轨道上去。

这是真的不可能。

很多的感情关系，直到让我们付出了代价，才能了解和看穿一个人，才能明白我们真正想要的东西。

一定要等到所有幻想都破灭，所有矛盾都爆发，我们才知道，原来当时的决定是个错误。或许之前的经历都很美丽，你们爱过，吃喝玩乐都很投合，可是你们没有一起考虑过任何务实的问题，对任何具体的事情意见都不一致，而且丝毫不肯接受对方的想法。

爱情没有错，但是在爱情的名义下，勉强自己坚持无望的关系，那不但是对自己的不负责，也耽误了另一个人的前途。

情侣们，请你们彼此间好好沟通一下婚姻的理想是什么，越详细越好，事实上，等你遇到了准备与之结婚的人，你的理想会一步步地跟现实接近，直到融为一体。

你不愿意想那么多，只想搬一句客套话：结婚就是两个人一起好好过呀。要不就是，我这个人很简单，顺其自然。但实际上生活就像歌里唱的，没那么简单。

你描述婚姻理想的过程，其实也是你了解自己真正需要的过程。很多人并不了解自己，也不擅长去描述一件事，弄清楚自己的想法，需要你给自己一点时间，告诉自己，关于婚姻的思考是你应该做的事，比美容、减肥、逛街都重要。

当然还有很多女人觉得可以糊里糊涂地结婚，也可以把全部的理想都放在男人身上，说不定就遇见一个好男人，就真的可以幸福地走完这一生。

请问，街上那么多男人，哪一个会平白无故地走过来，把你的憧憬双手奉上？他怎么会了解你最细微的部分，连你爱穿什么颜色的袜子都知道？

即使真的有这样的人，把爱你视为他的最高理想，那么他自己的婚姻期待，又该由谁来实现？

所以，你还是坐下来，倒上一杯茶，先跟自己好好聊聊吧，听听你自己心底的声音，关于你的理想婚姻，你准备得到和付出什么样的爱。

正视误区，不要把控制当做爱

婚姻之爱，首先要互相独立，同时可以坦然地敞开自己的心扉，此后才是交流、理解、信任、怜惜、包容、安慰……

向日葵女士继承了她妈妈的传统，喜欢支配一切，不问对方就提前作决定，她的另一半一向逆来顺受，有一天终于爆发了。

因为她总是在他想休息的时候家长里短地说个没完，他平时选择耳朵自动过滤，睡过去就当听不见，她却一次次不厌其烦地把他摇醒，在她看来，这才是夫妻之间文明的、有效的沟通。

向日葵女士被男人的爆发搞得不知所措，接着她就开始以十倍的力量反击，历数自己为他所做的一切。“难道跟你说句话都不行了吗？”她大哭起来，充满了挫败感。

还有蔷薇小姐，她的男朋友非常有进取心，他每天花大量时间在工作和学习上，蔷薇稍有点娱乐和放松的建议，都会被他鄙视。

他还要求她去考驾照，上外语课，考取各种资格证书，他觉得人生一定要不断进取才可以。

蔷薇考完资格考试之后，患上了强迫症，她总害怕忘记了生活里还有什么安排，害怕电话忽然响起，男朋友在那边大叫：“你去上课了没有啊，别浪费学费呀！”

我们因为相爱，才会走进婚姻，可是，我们始终是独立的两个人，谁也不能代替谁生活。

很多人在父母身上继承了这样的观念：因为爱，所以把控制当做爱，没有把对方放在一个平等独立的位置上。

我爱你，我为你做了很多，所以你就要听我的。

我爱你，我是对的，所以你就要顺从我。我爱你，你反抗我，就是伤害我，就是不爱我。

这样的心态，是毁掉幸福的前兆。无论是自己的不独立，还是强迫对方放弃独立，都会让婚姻之路变得荆棘密布。你会很疑惑，很受伤，很气愤，因为你以为自己所做的一切都是为了爱，却不知真正的爱，是共同的成长、成熟，而非以你的要求去安排一切。

向日葵女士的婚姻还在继续，她经常跟我们说，我家某某，就是这么闷，不爱说话。她不知道，她的先生在大学里曾是最佳辩手，跟同学聚会，他总是说笑话逗大家开心的那个人。

他把话语权让给她，甘心扮演一个沉默的人，来换取和平。

向日葵女士跟很多女人一样，不了解也不愿意接受男人本来是什么人，她一相情愿打造的是“向日葵的丈夫”，她把他丢进一个模子里，用力一压，不一样的地方统统去掉。

蔷薇小姐离开了她的男朋友，她相信他做的是对的，他的人生也会因为这样非凡的努力而变得更好，只是她满足于一份安稳的工作，想跟别的女人一样，谈一场可以逛街、吃饭、看电影的恋爱。

她的前男友非常不解，他气愤地说：“这么没出息以后怎么办啊！”

不能说他不爱她，他到最后还是关心她的前途，他是一个唯恐自己“不够好”的人，所以就要求自己的另一半也要跟自己一样，变得越来越好才行，否则爱就没有了着落，人生就没有价值。

但这并不是蔷薇的想法，他忽视了这一点。

结婚之前，我们有各自的人生，有不同的习惯和个性。结婚之后我们两个人，要互相依靠着走完剩余的生命，所以很多人把爱变成了规则，去束缚对方，破坏了伴侣的独立，自己也变得脆弱、依赖，容易受伤。不独立的爱犹如绳索，捆住了两个人，背靠背沉沦下去，忘记了原本的方向。

我想要的，和我能给的

我们在描述婚姻理想的时候，经常不自觉地会写成“我想要的……”

你可以开始写了：我想要得到什么样的爱，我想要一个人如何来爱我，有哪些事情他做了我会格外高兴，而哪些事情，他做了我就会很生气，甚至一提起来我就会翻脸。

其实同样也要想想，我所能给的，和对方所需要的。

我能给予对方什么，我会以什么样的方式去爱一个人，眼前的这个人，他/她在我的爱中是快乐的吗？他/她其实不喜欢哪些事情，但为了我一直在忍受？

清楚地写下你的“需求”和“给予”，并在心里随时提醒着自己，你就为自己的婚姻理想，打下了扎实的地基。

我想要的：

1.……

2.……

3.……

4.……

5.……

6.……

7.……

8.……

我能给的：

1.……

2.……

3.……

4.……

5.……

6.……

7.……

8.……

不同的相处模式，造就不同的情感关系

家庭生活，不是东风压倒西风，就是西风压倒东风，这句话很正确吗?

如果在婚姻里我们强势到底，不断争取对自己有利的一面，让对方不停地让步直到放弃，你会发现，这场婚姻无法造就一个快乐的人。

共存需要底线，必须要知道有什么事情，是哪怕做一次也不会得到原谅的。不能拿忍让换取安宁，否则底线就成了一条门槛，谁都可以跨过。

坏的相处模式和好的相处模式

风信子是位温柔贤淑的妻子，她的丈夫有个很坏的习惯，经常喝醉，言行放肆，更可怕的是他酒后还要开车，怎么劝都不行，他每次喝醉，风信子都只好赶到酒店接他回家。风信子滴酒不沾，她一闻到别人身上的酒味就恶心，但是她每次深夜去接丈

夫回家都毫无怨言。第二天酒醒了，她丈夫会因为愧疚加倍温柔地回报她。

我讨厌你喝醉——我偏要喝醉，因为你会原谅我——酒醒后会对我更好，在这样打破底线又去弥补的相处模式下，风信子一直觉得自己生活还算美满，直到她在某个凌晨接到电话，她丈夫因酒后驾车，受了重伤。

这是毫无原则的忍让造成的恶果，如果风信子从一开始就帮助丈夫戒掉酗酒的恶习，至少让他改掉酒驾的坏习惯，这样的悲剧也许就不会发生。

坏的相处模式一样能造就“安稳”的假象。生活在家庭暴力下的女人，一次次挨打又一次次回头，原因就是男人只有在请求被原谅的时候才会低声下气，才会给她足够的尊严，所以她能够带着青肿的伤痕回到原来的生活里，“坚持”到下一次挨打。

没有了原则和是非观的爱，固然会让很多人觉得甜蜜，可是放纵的结果只会越来越糟。

睡莲小姐喜欢对男朋友发号施令，她把“完全听我的使唤”当成爱，一旦他反抗，她就开始哭闹：“你是不是不爱我了？”

她交往时间最长的一个男朋友，从洗内衣裤到做 PPT，都为她一手包办，后来男朋友终于崩溃：“我把你惯坏了！”

他跟睡莲分手之后生活得很愉快，他说他讨厌洗内衣，更讨厌她把这些付出当成是理所当然的，更不喜欢她那句随时挂在嘴边的话：“爱我，就应该宠着我，爱我，就不应该说我是对还是错，否则就不是爱我。”

睡莲小姐坚持把这条当成择偶标准，她认定了爱她就要做她的奴仆。在生活中，她也不是一个好相处的人，从来没有替别人着想过。

婚姻中的自私是可怕的，因为你只专注于自己的需求，而忽视了另一半。如果你把对方视为一个为了爱你可以牺牲全部原则的人，于是你横行霸道，为所欲为，没有了底线，这样的关系迟早会出问题。

而在各自的底线之上，我们会发觉相处其实是件很美好的事情，我们可以宽容、爱护对方的小毛病小缺点，我们会发现自己慷慨、大度的一面，原来为了爱，我们可以付出更多。

郁金香女士婚后发现，她跟丈夫的作息南辕北辙，她习惯早起，男人习惯熬夜，他们为此甚至萌生过离婚的念头。

最后她另买了一张床，她可以在自己的卧室里早睡早起，做个勤劳的百灵鸟；丈夫也可以在灵感来了的时候通宵工作，不会被人一遍遍地催促着去睡觉。

同时，她也会在某个早晨，跑到丈夫的卧室里去吻他，喊他起床吃早点；她丈夫偶尔也会在晚上陪着她，等她睡了再出去工作。

“我开始就是非要改变他不可，熬夜多不健康啊，我们过健康的生活有什么错？可是这样不行，他一定要等到夜深了，安静了，写程序才顺利，他习惯这么做了。那我们分床算了，分床也不是分居，至少我能好好睡觉，他也能自由了。”

郁金香女士过得很开心，她没有因为分床而变成怨妇。生活习惯都是可以调整的，只要我们决定了在一起生活，只要我们决定把幸福当成共同的目标。

通过沟通寻找适合的共处方式

接受不同的个性、不同的生活习惯和观念，多去包容而不是抹杀，这是两性相处的关键。如果两个人的观念或者生活习惯不一致的话，我们可以通过沟通，寻找适合双方的生活方式。

沟通时的态度最好是这样的：

1. 好好听对方说话，不打断，不批评；
2. 听完之后，先认真想一想，再说自己的想法；
3. 不用讽刺、轻蔑、不耐烦、挖苦的语气对待另一半；
4. 即使是自己完全不赞同的事，也不要马上就强硬地拒绝；
5. 不敷衍，不逃避问题，不用“是是是，好好好”来蒙混；
6. 不要一下就上升到“你不爱我”、“我要分手”的地步。

己所不欲，勿施于人，想让对方用温和、客观、坦白的态度对待你，你首先就要用这样的态度来对待对方。

如果你只是一味地强调：

他 / 她是教不好的。

他 / 她的成长环境有问题，改不了了。

他 / 她又不是小孩子，自己应该知道该怎么做。

我勉强他 / 她也没意思，我也需要被关怀。

夫妻之间，又不是老师教学生，我觉得别扭极了……

好的，那么你就在借口中越走越远，你会跟另一半养成一种最常见的以吵架、流泪、闹离婚为主的沟通方式，会把另一半当成自己负面情绪的发泄对象，之后再和好，仍然能过下去，甚至和好的那几天比以往还要好。渐渐地，你以为这就是夫妻生活的常态，就是这么火暴，冲突不断，任何具体问题都是以双方妥协、又都不满意为结果。渐渐地，你有了一个破碎而且无法修补的人生。你的孩子会在这样的环境中长大，他 / 她的潜意识里也会认为婚姻关系就是这样的。

我们花费在家庭里的精力和时间，恐怕比工作少得多，我们会花很多时间想着怎么搞定客户，但是对另一半，我们却往往没有给对方足够的耐心和包容，总是希望对方完全接受我们自己的一切。

你在情感里扮演着什么角色？

女人在恋爱关系里，不自觉地成为弱者，总是靠索取，靠不停要求对方，来让自己变得比较强势，这样的矛盾经常把男人搞得不知所措。女人的出尔反尔和善变，会让最聪明的男人也头痛。态度会决定你们关系的成败，这句话一点也不夸张。

牡丹的成长环境很不好。她的妈妈为人懦弱，一边忍受着丈夫和他们家人的欺负，一边在背后诅咒他们，牡丹就成了她消极情绪的唯一出口。

牡丹当过一段时间的叛逆少女，说粗话、抽烟，她急于发泄心里的压抑和不满，但很快她就觉得这些没意思，于是收心学习，考上了很好的大学。大学毕业之后的她又变得沉默、温顺，外表乖巧，其实内心很多阴影。

遇见她的丈夫之前，她谈过几个男朋友，用她的话说，“都是不错的人，不是被吓跑，就是受不了我”。

她一直都觉得自己不配拥有好的东西，等感情关系一旦稳定，有了好的前景，她就想破坏掉。因为她觉得婚姻就是个陷阱，毫无光明可言，但她像她的妈妈一样，总是拿孩子来做借口，不敢做一个离婚的女人。

她的丈夫在开始相处的时候就对她说：“你抱着单身主义没问题，我会等你的。”他做了很多事情证明，他对她有足够的信心。牡丹渐渐明白，她一直缺乏的就是对幸福的信心。原来她的潜意识里的恋爱态度是：谁对我好，我就跟谁在一起，谁想跟我结婚，我就会挑剔、折磨他。

等她明白了这一点之后，终于能够跟丈夫敞开心扉，讲述自己的童年经历。连续一周的时间里，他都在鼓励她，耐心地听她倾诉，任她在激动的时候歇斯底里地大哭。

牡丹现在是个快乐苗条的女人，三岁的儿子人见人爱，她终于能够把握住自己的幸福，不再是那个躲在黑暗中担惊受怕的小女孩。她的丈夫经常对朋友说，遇见她是我的福气。

牡丹的丈夫并不是完美的人，他只是对牡丹很包容，因为他觉得牡丹实在太压抑自己了，他所给予的，正是她长久以来缺乏的——足够的爱和安全感。牡丹得到了这些，顺利地走出成长的阴影，成为一个负责、感恩、勇于担当的成年人。

夹竹桃就没有那么幸运，她自嘲地说，自己一辈子遇见的永远都是长不大的男人。她的两任男友都是一个类型：家庭和睦，性格散漫，爱动好玩，是被好妈妈伺候大的乖儿子。

她不是没有试着去改变他们，可是往往她一开口，对方就会撒娇：“别烦我，乖，让我再玩一会儿。”她马上就会心软。如果态度强硬了，对方就会生气，不理她，出走，冷战，最后还是她回头去哄他们。

她最后明白，优柔寡断的态度只会让这种关系恶化。夹竹桃觉得自己也是需要别人关心的人，这样无休止地付出和妥协实在太累了。

分手之后的夹竹桃过得轻松多了，她还在寻找合适的对象，只是这一次她决心要抢在对方前面变成小孩子，让对方去照顾她，哄她。这是正确的态度吗？不是。可是她需要补偿，那两任男朋友欠她的，她一定要找回来。

她的补偿心理延续下去，会危害到她的第三次恋爱，只是她来不及想明白。

心动有多容易，分手就有多容易

我们找寻爱的过程，是明白自己想要什么的过程，也是了解自己、完善自己的过程，我们不见得非要做一个足够完美的人，但我们一定要保留足够的客观，不要让偏激和极端左右我们的判断。

他是我的初恋。

他的笑容很好看，会打篮球。

他聪明，我喜欢数学学得好的人。

他懂计算机，会给我装电脑。

他很关心我，每天给我买早饭。

他长得像金城武/刘德华/木村拓哉，我就是喜欢帅哥。

他宠我。

他嘴巴甜。

……

爱情有个魔鬼定律，那就是，心动有多容易，分手就有多容易。

当两个人的生活发生交集，各种问题不断涌现，就会反映出你当时决定跟此人在一起的理由是多么的片面，而相处，绝对不是脸红心跳那么简单。

要了解你们之间的不同，能让这些不同和平共处，而且感到愉悦，这是一种健康的态度。两个人的爱情就能像阳光下的花朵一样欣欣向荣。否则，两人的相处伴随着泪水、争吵和痛苦，让人窒息，受伤后变得越来越偏激、抑郁、焦虑，让恋爱或婚姻成了一场苦刑。可怕的是，很多人觉得，这才是真爱，不犯贱就没有真爱，那些伤痛之后的复合，还会激起更多甜蜜。要知道，SM（虐恋）也有快感，可他们被称为受虐狂和施虐狂。

真爱需要经过现实的考验，但考验不等于两个人的互相折磨。不要拿阻力和压力给自己的爱情当调料，好好享受你的爱，享受你的给予和收获。

婚前算清楚，
婚后过明白

2 理想婚姻的落实，要留意关键的细节

在职场上，我们会有这样的认识：做成一件事情，往往需要各方面的配合，机遇、人力、灵感、沟通，各种条件缺一不可，我们会兢兢业业地对待每一个项目，不敢疏忽，我们会关注工作中的每个细节，力求完美。这样的习惯带到感情关系中去，却往往变了味道。

生活中，我们经常会苛求伴侣的行为，却放纵自己。在对具体小事纠结不已时，往往是在动摇感情关系的根基。

其实，如果不把感情当成项目去经营，也许你会从另一个角度去发现事情的真相。

管好你的情绪，伴侣不是出气筒

“我呀就是脾气急，说话比较直，我没有坏心眼，你可千万别介意啊……”这样的话，我们一点都不陌生，这样的人，在身边比比皆是。

他们用这样的话来掩饰自己的性格缺陷，偏激、固执、冲动、以自我为中心，从来不为别人着想。一句话说出来，效果往往是反作用的。

举个例子，当你看到别人的身材时，纯粹只是说出真实感受：怎么这么胖？对你，只是一句无所谓的评价，对别人，很可能就是伤害。

哦，这个例子太温和了，我们应该把它放到另外一个情境中：如果你的男朋友这么形容你，而你为了博得他的赞美已经减肥了一周，饿得眼冒金星，那你是否会因为他的真性情就原谅他了呢？

这还只是说话角度的问题，而放任自己的情绪，拿“坏脾气”当“真性情”的人，也不在少数，他们总是解释：“我这个脾气来得快去得也快，刀子嘴豆腐心，你千万别介意！”

实际上，坏情绪所造成的人际关系的损害，远远不是这么几句简单的解释就能挽回的。

而我们必须承认，情绪发作了真的很难控制，而长期压抑自己的情绪，又会让你变得更加抑郁、暴躁、焦虑。

成长的过程中，很多人会观察到自己的父母在人前人后不同的表现，他们对外人温和、忍让，彬彬有礼，但是回家对自己的伴侣和孩子，则是大声呵斥，刻薄讽刺，毫不留情。

这是一个坏情绪造就坏的家庭关系的经典模式：因为家庭让他们感觉到安全，他们理所当然地把在外面受到的压抑，发泄在自己最亲近的人身上，反正关起门来都是一家人。

有多少孩子，就是在这种环境下长大的。他们对父母的行为非常反感，长大之后，又不由自主地把自己变成了跟父母一样的人。

亲密关系会产生这样的问题，我们因为对方的亲近与信赖，无话不说，愿意把真实的自己暴露出来，这本身没有错，但是，如果你说的话、做的事，很多是带有攻击性和伤害性的，那么你的伴侣，就等于被提出了很高的要求：做一个无所不能的包容者。

这是个很过分的要求，等于在说，因为你爱我，所以你什么都要忍受，所以你要为我付出一切，你不可以反击我，否则你就是不爱我。

这样的逻辑是不是很荒谬、很霸道？可是，生活中很大一部分人都持有这样的逻辑，把爱当成武器，用来束缚和惩罚对方。

为什么我们要为结婚作准备？因为结婚跟单身最大的区别，就是你要跟另一个人一起生活，你们首先要有一个良好的沟通模式，有很好的默契，生活才会顺利下去。

如果说，恋爱本身是荷尔蒙冲动，谈不上太多的理性，那么，婚姻即将陪伴大多数人的下半生时光，绝对需要你精心地管理和安排。

“我改不掉，我就这性格，爱我就得接受。”

“我可不能做虚伪的人，有啥就得说啥。”

“发脾气你以为我好过啊，我比谁都难受！”

……

不要再找借口了，在怨恨和辩解的时候，还是观察和调整一下自己的情绪吧。有很多伴侣之间的争吵，在解除了惯有的情绪模式之后，就不会发生了。

了解自己，在临界点恢复理智

你可能会经常这样反思吵架的过程：“本来没什么的，结果脾气一上来就失控了……还不是他/她激的，哪壶不开提哪壶。别惹我，惹了我就要你好看……不过想想当时也是在赌气……真后悔……”

但是，这样的情况每天都还在继续，伴侣之间为着各种琐事，甚至一句无心的话，还是会引起争吵。伤害越累积越多，甚至让你忘记了当初因为什么而相爱。

争吵本身没有错，其实这些点滴，是你们在了解对方、试探对方底线的一个过程，每个人都会在与人相处的过程中，不自觉地去争取有利的位置，争取控制权。而且，每段亲密的关系，也都是两个人不断磨合、适应的结果。只是彼此的包容和适应，最好不要变成满心的委屈，甚至怨恨，这样的情况一旦爆发，就不可收拾。

火鹤小姐给了自己一个理直气壮的理由：我是火象星座，当然是炮筒子脾气啦！

漂亮的火鹤小姐从来不缺少追求者，甚至有一位已经到了谈婚论嫁的地步，最后还是被她的脾气给吓跑了。

火鹤小姐喜欢打断别人的话，但是讨厌被别人打断，她觉得自己打断别人是风趣机智，别人打断自己则是粗鲁无礼。她对男朋友颐指气使，认为这是对爱情的考验，就看你们是不是能让本小姐满意了，做得好还行，做得不好——那火鹤小姐海啸一般的脾气可就要发作啦！

她曾经摔坏过好几部手机，把男朋友送的戒指当面扔进垃圾箱，一杯水当面泼上去，之后又哭又闹非要对方道歉认错才算完。什么挂掉电话啦，破口骂人啦，随手打个小耳光这些，简直就是她恋爱中的家常便饭。

等男朋友们无法忍受她纷纷离去，火鹤小姐慢慢也觉得有点后悔，但更多的是恨这些前男友："干吗惹我呀？我就是控制不住，我在家可是千金大小姐，我发脾气谁能拦住我呀？我自己都管不了自己。"

如果自认脾气不好的话，最好在心里设置一个闹钟，每次快要爆发的时候，提醒自己要降低火气，恢复冷静。这个提醒可以是这样的：我已经是成年人了，要控制自己的情绪，真的吵起来的话，又是两败俱伤，我不要这样做。

深呼吸，转移话题，起身去倒杯水给自己，都可能会帮助你从一个情绪失控的状况里走出来，避免接下来的互相指责和伤害，破坏你们的亲密关系。

有些人会说，我就图他会宠我，会包容我的任性和不讲道理。

事实上，这样的人，在你想讲道理的时候，他也会不当回事儿，因为你让他习惯了你的喜怒无常，因此也就很难让他真正明白，你对什么事情是非常认真的，哪些事涉及你的原则，不容侵犯。

别放过那些争吵点

好了，我们成功地避开了某次争吵，之后我们再也不提了。

但是，等到婚后三年，我们又遇到同样的问题，发现还要为同样的问题争论，而且，对方的态度丝毫没有改变，反而还因为这么长时间不提，变得更加强硬——是不是很令人崩溃？

避开自己情绪发作的临界点，并不是避开问题，事实上，那些很可能会引起争吵的问题，是你们建立起良好沟通模式的关键。

为什么会争吵？因为你们意见不合，彼此都觉得对方不可理喻。这点小问题，往往会代表你跟他之间最大的差异性。对于可能会让我们争吵的问题，最好客观地看待：男性思维往往呈现粗线条，他们会把很多细节忽略掉，他不认为这是问题，这种态度经常会激怒女性；而女性的情绪一旦爆发，男人就会觉得这是无理取闹。为求安静，他敷衍着蒙混过去，下一次仍然会有同样的争吵发生。

康乃馨的男朋友是一位“凤凰男”，出身农村，学业优秀，事业有成，他的家人也都过得不错，不需要他过多接济。

康乃馨最为头痛的就是他不修边幅，认识她之前他一共只有两双袜子，一直穿到袜底磨破，才会扔掉换新的。由于工作原因他需要穿戴整齐，但是西装的后领经常是油光光的。康乃馨没有洁癖，可是他的这些习惯，还是让她经常抓狂。

“我吵啊，他不听啊，说我臭讲究，再逼急了就说你看不起农村人，分手算了。我就说他狗急跳墙，他说我多管闲事。”康乃馨举出好几位农村出身的同事做例子，人家还不是收拾得整洁得体，但是照样说服不了他。

康乃馨反复地跟他讨论过很多次这个问题，从争吵，到玩笑，到长篇大论地说教，总之她就是不肯放弃。最后男朋友发现，如果他不在卫生问题上作些努力，生活永无宁日，在邋遢自由地生活下去和整理好衣物跟女朋友和睦相处之间，他决定选择后者。

不过，他趁机提出了自己一向不大敢提的要求：“我也不喜欢你穿高跟鞋呀，我还不是忍住了。”这个要求太容易被满足了，康乃馨有几百双鞋，第二天她就换了一双鞋去约会。

聚会时康乃馨终于高高兴兴地带着男朋友出席了，他的衣服领子和袖口雪白。“我也付出代价啦，我要少穿几次高跟鞋，尤其是跟着他出来玩的时候。”但康乃馨依然很开心，她的愿望终于得到了实现。

生活习惯的改动，不是为了爱情的牺牲，而是为了让两个人共同生活得更好而作出的努力。重复的争吵点，往往就是两个人习惯和观念的差异所在，而这些差异又往往是引起情绪激动的原因。

面对差异，你有两种结果可以选择：一是坚持到底，寻求一个妥协但尽量改变现状的结局；二是眼不见为净，当这种差异不存在，彻底地包容对方与自己不同的地方。这两种，都不失为好的处理方式。

遗憾的是，在婚姻生活中，两个人一次又一次为同样的事，进行同样的争吵，连吵架的内容都没有变化。最后又是女的哭，男的出走。重复多次之后，大家都感到疲倦，不如分手了事。

我们如果不能改变结局，不能改变对方，那至少可以改变自己的态度吧？你的情绪很宝贵，会直接影响你的内分泌系统，进而影响到你的身体健康，为什么要反复在同一个地方摔倒来折磨自己呢？

二人世界更需要规则

跟伴侣相处一段时间后，你可以把你的心得记录下来：

比如，对方最不喜欢的事情是什么，你以后如何处理相关的事；同样，你最讨厌的是什么，他/她是否知道，要如何处理；再比如，如果遇到双方家庭的事情，你们怎么解决；生活中哪些问题是敏感问题……

等你写下这篇日记，你会发现，你们二人世界的基本规则已经诞生了。

古人说："修身，齐家，治国，平天下。"那么无论什么高深的道理，都是从你个人，和你身边的人开始的。

对方的底线会成为情绪管理的闹钟，提醒着我们，不要去刺痛对方，不要让对方因为情绪的原因，忘记了理智。

不要互相伤害，这应该是两个相爱的人最基本的规则。可惜的是，年轻人在恋爱时，放任自己疯狂地爱，也放任自己的情绪，肆无忌惮地伤害着对方，也伤害了自己。

大家经常把这当成是恋爱的常态，以为冲突、流泪、相互打骂这些激烈极端的行为，才是爱得深切、爱得投入的表现。对于时髦男女来说，拥有一场偶像剧般的恋爱，才叫“轰轰烈烈”。

往往到了最后，爱已经被磨得暗淡无光，再也找不回最初的欢喜，疲惫不堪的两个人感到失落、悲伤，对伴侣厌烦却又难以割舍，只有消极地接受：我们老了，闹不动了，还谈什么爱情啊，已经是亲情了，婚姻就是爱情的坟墓，我们已经进坟墓了。

其实，爱情是可以欢天喜地的，当然，是在规则之内。

紫罗兰女士跟她丈夫之间的规则很详细，包括不背叛，不动手，不说谎，分担家务，定期出去玩，每周要有谈心的时间等等。这张纸上的规则是她在交往时就跟另一半一起定下的，婚礼上请伴郎伴娘见证，两人按了指印。

那张写满规则的纸上，对丈夫的要求有很多，比如早回家，多打电话，做一些繁重的家务……而丈夫对她的要求其实只有几条，他觉得对于自己的妻子来说，多微笑就好了，看到她的笑容，他会由衷地感觉到家的温暖。

什么切菜切到手啦，大扫除很辛苦啦，在单位看了客户的脸色啦，这些小事原本紫罗兰会不断地抱怨，非要丈夫把她哄好才行，但在丈夫的开导下，她渐渐发现，琐事无关紧要，多去关注生活中的快乐才对。而且她也发现，沮丧、悲观的情绪会影响自己的伴侣，让他也陷入低落中。

现在紫罗兰的女儿已经五岁了，紫罗兰准备等女儿长大时，把这张协议当做成年礼物送给她。紫罗兰还想告诉她，承诺作出来很容易，信守才是最难的。

制定一些相处中的小规则吧，在你想乱发脾气的时候，想想这些规则的提醒和约束，不要轻易伤害了爱人的心。

消极情绪的最终出口

一次次把怒气召回，一次次告诫自己不要被愤怒和悲伤左右而失去理性判断，这时你会很不舒服，焦虑不安，因为你的消极情绪并未真正排解，只是暂时被压抑。

与伴侣相处中发生的冲突，很多都是消极情绪累积起来的结果，而并非针对对方。很多小事本来可以容忍，却因为坏心情而变成压倒骆驼的最后一根稻草。

遇到这种情况，不妨找几件事做做，让时时可能袭来的坏脾气有个去处吧。

1. 运动

比如做操、跑步、练习跆拳道，在运动的同时，要想象着你的不愉快站在对面，被你一次次击倒在地，等你出了一身大汗，冲个热水澡，甩着湿发走出健身房的时候，你已经是个可以微笑着看待世界的人。

2. 做家务

消极情绪会让人有自虐冲动，你不妨做一次灰姑娘，把多日没擦的玻璃擦一擦，或者把乱七八糟的衣橱收拾一遍，坏心情会跟那些已经没用的杂物一起被扫出你的家，干净清爽的家居环境会让你开心起来。

3. 听音乐，自言自语

把房间的门关起来，听听节奏强烈的音乐，你不是有强烈的吵架欲望吗？可以开始了，等你对着墙壁把自己压抑的话统统倒出来的时候，你会感觉轻松很多。

4. 郊游

不妨去郊外爬爬山或看看海，在大自然面前，你会感觉一切烦恼都无足轻重。随手拍一朵路边的小花，会不会想起那句美丽的诗——从一朵野花中看到一个天堂？

5. 换个发型，尝试衣服的重新搭配

新的造型意味着你有新的姿态面对自己，如果造型失败也不要在意，不妨顺便换个漂亮的短发，头发很快会长长，你也会变得越来越成熟。

哪怕是发泄自己的消极情绪，也最好是用积极健康的方式去解决问题。千万不要自暴自弃，用疯狂购物、吸烟喝酒、暴饮暴食、一夜情、自残等行为去折磨自己，这些发泄会让你在事后追悔莫及。同样，也不要大吵大闹，激烈的冲突、寻死觅活的威胁，只会让原本牢固的感情多一条裂痕。

控制好你的情绪，不仅仅是为了不伤害别人，更是为了照顾好自己，我们要做一个能够掌控自己的人，才能牢牢地掌握属于我们的健康、快乐、和睦的人际关系。

很多人心里藏着委屈，总觉得自己是为了别人才让步，才压抑自己的要求。那么这些委屈，有多少是真的？还是只是你的过分要求没有得到满足，只好放弃？

不要把你的爱人、家人当成出气筒，不要认为倚仗着他们的爱，你就可以随意地把消极情绪发泄到他们身上。

一个冷静、清醒的人才能面对问题和解决问题，你的粗鲁、任性，很可能已经伤害了另一半而不自知。等到他／她内心的委屈爆发出来，那时一切都来不及了。

真爱不能打败现实，
你用对你的恋爱时间了吗？

拥有一段单纯美好的恋爱时光，是人生的幸运。

很多人在学生时代就开始谈恋爱，吃饭、打水、上自习，都会成为难忘的回忆。但是，是不是只需要有单纯美好的爱，就可以成就一段幸福的婚姻呢？

有人会因为相恋时的美好，原谅之后一切的不快和烦恼，无论遇到什么困难，不离不弃，只有两个人在一起才是最重要的。也有很多人因为相恋时的美好，无法接受之后现实中的种种不快和烦恼，把遇到的困难和挫折，以及对方的缺点看成是羁绊，最后只有分手才能结束这种相互的折磨。

恋爱中，我们把时间用来做什么了？吃饭、亲吻、游玩、做爱、小误会小吵闹……这些还不够丰富，房子、车子、双方的家庭、职业、收入……哎哟，不要烦我可以吗？

谁在恋爱时会想得那么长远？真扫兴。

好了，该结婚了，这个时候，你才发现，原来所有的问题都静静地在原地等着你，从未消失过，只是恋爱中的你看不见也不想看见它们。

鸢尾女士跟自己的初恋纠缠多年，他们从小学到高中都是同学，并特地报考了同一个城市的大学。但他们的分歧一直都非常明显：男朋友的家庭负担比较重，父母多病，他是全家人的希望，需要他一毕业就承担起家庭的担子。鸢尾的家庭条件要好些，父母希望她早日结婚，早点生个外孙给他们带。因为她是独生女，所以父母期望女婿可以“倒插门”。

他们的性格也完全不同，男朋友比较外向，爱说话，偶尔很暴躁，带有攻击性。而鸢尾是个沉静温柔的姑娘，她理想中的丈夫跟自己的爸爸一样，斯文和善，体贴入微，绝对不是她男朋友这种类型。

“但是没办法呀，我们十五岁就恋爱了。”这句话开始说得甜蜜，后来就是痛苦和无奈。

上大学的时候，男朋友喜欢跟她说起家里的事情，慢慢地，鸢尾也接受了他的看法：她是要嫁给他的，那么他们就是一家人，那么他们作为长兄长媳，为家庭多贡献一些，也是合理的。

于是，男朋友大学四年的生活费，全部是鸢尾出的，她的男朋友家里知道未来儿媳妇家里有钱，所以他们并不在乎。鸢尾的家里并不知道这些，她妈妈只是奇怪，为什么给了那么多零花钱，女儿连件新衣服都没有买？

毕业了，鸢尾租好了房子，找好了工作，而男朋友考研落榜，还要再考一年，这时他才告诉她，大学有两年的学费他都是贷款，他们需要赶紧还清这笔钱。

鸢尾节衣缩食，努力工作，还做了一份兼职，帮男友还清了贷款。她打算存一笔钱买房，家里也在催促她赶快结婚。跟很多的家庭故事类似，男朋友的家里弟弟妹妹开始读书、老人生病、老家盖房、考研分数只够自费……

在同居生活中，他完全不体谅她，她辛苦赚钱，只要回家晚了一点，他就会冷言冷语。她情绪低落，他会比她更烦躁更痛苦，恨不得跳楼死掉，要她转过来安慰他。她偶尔有什么开心的事情，他就会疑神疑鬼，追问她是不是跟别人好了。

等鸢尾明白，他们根本就是不适合的一对时，已经是大学毕业四年之后的事情了——足足八年时间，这段恋爱善始却没有善终。

“有很多次我觉得不能再忍了，但是又一想，这么多年了……”越是舍不得这些时间，就越是要付出更多的时间去填这个黑洞。

“我不是为了钱，真的，他总是冤枉我，说我爱虚荣怕吃苦，早知道这样就不跟我在一起什么的，可是我没花过他一分钱啊。”

在纠结和矛盾中，鸢尾又用了两年时间分分合合，直到男朋友读完研究生考上博士，还是有一大堆债务要还，他甚至抱怨鸢尾的家里太抠门，换成别人的话，一定早帮他把钱还清了。

他们最后彻底决裂，前男友很快找了个有钱人家的女儿，也果然在经济上帮到了他。他很得意，跟别人说鸢尾浪费了他太多时间，“还不是我太重感情了，她一哭，我就心软，耽误了这么多年”。

也许你会说，这就是钱的问题，穷人的悲哀。可是，这世界上大部分的家庭都没有足够的钱能够解决所有的问题。

这场恋爱中的女主角就像一个老虎机前投角子的人，投得越多，期望越大，越是无法脱身。她投进去的包括时间、金钱、爱、婚姻的前途、最佳生育年龄……等到最后她终于明白，自己得不到任何想要的东西时，那些投进去的，也已经不能收回。

“我只想有个人能关心我体贴我，买房生子，这要求不过分吧？为什么我活得跟机器人一样，每天上班下班加班，每个月的钱却要打到别人的账户里，刚存下一笔钱马上就不见了？”

鸢尾以初恋为名的感情关系，是一场筋疲力尽的马拉松，无人喝彩，也没有撞线的希望。这一点，她花了将近十年的时间才明白。

当然，我们承认相爱是婚恋关系的基础，但所谓的“真爱至上”，是否就真的能让人插上翅膀，飞越现实的种种问题呢？

如果在相处的过程中，很多矛盾已经将彼此刺得遍体鳞伤，你是否还要把这段恋爱的时间，拖得越来越长？

热恋的情侣们，从你们的娱乐时间里，抽出一点点用来面对现实吧。你们很相爱，你们上了床，你们在同居——然后呢？之后的人生该如何走下去?

恋爱的时间里，我们要了解自己，也要了解另一个人，我们要知道彼此的需求，对生活的看法，要知道对方的家庭情况，经济上的大致安排，不要说这些很庸俗，很难开口，不要觉得这些东西，不配成为恋爱的一部分。

不是说一个人穷困，不健康，性格有缺陷，家庭负担重，就没有恋爱的权利，但是对于恋爱的另一方，他/她有知情权，因为这样的情况，意味着你需要让对方承担更多责任。

不要让时间去掩盖一切，不要让时间成为维持一段不开心的恋情的唯一绳索。不要拿已经爱了多久作为懒惰、懦弱的借口，你不敢离开，你害怕离开，你丧失了追求新生活的勇气，那么你就只能在痛苦中继续挣扎。

同样，相爱的人，把握你们相处的时间，更深地了解、信任对方，更坦白、更勇敢地安排你们的未来，这些情感上的储蓄，会帮助你们渡过未来的难关。而隐瞒、欺骗、互相折磨，只会让时间变成一笔收不回的坏账，让你赔上现在，甚至未来。

时间同时也会教给我们反省，追问我们这段感情关系是否有存在的必要，是让我们的人生变得更加丰富和美好，还是让我们陷入了困惑和虚无。

多花点时间思考、观察、客观地评价你和你的伴侣吧。恋爱与婚姻，会占据我们最好的时光，请把最好的时间，用来经营最好的爱。

婚前算清楚，
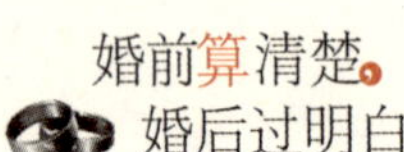
婚后过明白

3 六个秘密元素，成就理想婚姻

我们的理想婚姻，包括精神和物质两个层面。只要精神上高度契合，你会发现对于物质的要求可以随时调整，毕竟你们共同拥有未来的时间，那么物质要求，可以作为你们将来发展的阶段性目标。

你的精神需求是存在的，它只是长期被忽视。如果你没有梳理好自己的思绪，不懂得自己内心真正的渴求，那么你的情感和婚姻，会有很多意想不到的荆棘。

一段美好的亲密关系，会是你人生所能获得的最好的礼物之一，它超越了财富、地位，能伴随你走完这漫长的一生。

一个再成功的人，没有幸福的家庭，他/她仍然不够完整，而一个拥有幸福家庭的人，他/她却能在最平庸的生活中，发掘出快乐的真正含义。

这一切，要等着你自己去完成。

决心：全力以赴或者掉头不顾

决心总是让人想到一种“狠劲儿”，让人退避三舍。

我们被教育成谦让、温和、乖巧听话的孩子，回顾过去的生活，我们发现居然没有什么事情让人发狠——我一定要得到，或者我一定要丢弃。

我们害怕决心带来的麻烦，因为决心意味着更大的付出，或者更多的代价。“顺其自然吧”，我们常常拿这句话来安慰自己，结果“自然”会让你裹足不前，停滞在困扰你的关系中，越陷越深。

你的理想是“自然”形成的吗？不是的，只有你自己的脚，才知道什么样的鞋子适合你。同样你的理想也是如此，它是你经过了长时间的观察、对比、过滤之后才得到的。

对于理想，有的人只是一个存留于脑海的想法：我就要过我父母那样的生活，我就要过邻居某某的生活，我就要过某位网友的生活，她的美食家居图片我太喜欢了……

这不能代替你的理想，只是为你的理想指出了方向而已。你看到了美好和幸福的表面，却不知其背后的努力。你只想实现这样的理想，却对如何获得，避而不谈。

这是我们需要决心的原因，需要你平生第一次对自己说：“我有幸福的决心，我有实现理想的决心，从今天起，我是个有决心的人。我有决心放弃那些我不喜欢的东西，追求我真正的需要。”

你敢说吗？说了之后，你敢去做吗？

风铃草女士在离婚前，众人都觉得她的人生很顺利，大学时代遇见父母同事的儿子并与之相恋，毕业两年后两人结婚，双方父母资助买房，两人共同储蓄买下了第二套房，之后生了女儿。她的丈夫工作之余攻读了博士，前景光明，系统内部升迁的机会很大。

这一年她三十六岁，在她本命年，也就是女儿五岁的时候，她平静地离婚了。

朋友们开始很不理解，在别人眼中，她是个幸福的典范，不用在恋爱中挣扎，不用烦恼经济问题，丈夫很顾家，双方父母都很和睦，女儿是个小天使。

没有人知道风铃草的不快乐。“过生日那天我自己去爬山，在山顶上我放声大哭，我发现自己的人生没有一天是为自己活的。我其实不爱他，但那时在大学，他跟我发生了关系，本来我喜欢的是班上另外一个男同学。之后的一切，要么是听他的，要

我有幸福的决心，我有实现理想的决心，从今天起，我是个有决心的人。我有决心放弃那些我不喜欢的东西，追求我真正的需要。

么是听父母的，我几次想考研，他不让我考，不让我避孕，生了女儿后他自己读博，不帮我带孩子……三十六岁了，我从来没有开心过，我不想就这么认命。”

她的丈夫完全不理解她，对她就是一个轻蔑的字：作。他断定这种忽然“兴风作浪”的女人，要么是发疯，要么是有了外遇。“我无所谓，什么样的女人我找不到，你看她吧，能有什么好下场！”

他习惯了支配她、挑剔她，把她当成一个安稳生活的后盾，他不在乎妻子有没有自我，他觉得她所有的想法和意见都不值一提。

“男女搭配就是这样，大事我做主，小事你做主啊，盯装修，养孩子，做家务……你还嫌权力不够大吗？你去读研，一把年纪跟那些小孩混在一起，你不嫌丢人吗？”

风铃草的决心下得艰难，行动起来就更艰难，事实上她离婚后确实过了一段低谷生活，唯一的改变是她每天下班后匆匆忙忙地赶去上英文课，每周还要抽出时间陪女儿，帮她适应父母忽然不在一起生活的现实。

幸好，风铃草GMAT（经企管理研究生入学考试）成绩不错，美国一所商学院通过了她的申请。风铃草在三十七岁时出国，在大学里遇到了自己的理想对象。再婚后风铃草跟夫家协商，把女儿也接到了国外。在机场拥抱住女儿的一瞬间，她感到人生前所未有地完整。

有人质疑她不顾女儿的感受，对女儿的成长不负责。她如此回答："是的，我不是那种好妈妈，我没有为了孩子就把我的一生牺牲掉。我只能对女儿说对不起，同时告诉她，在她成长的过程中不要随便作决定，一定要知道，错误是可以纠正的，没必要将错就错。"

风铃草的故事对我们提出了一个问题：你是为别人的看法而活，还是在为自己而活？在婚姻和亲密关系中，是否我们那么轻易地就磨灭了自我，只作为别人的妻子和妈妈而存在？

同样，还有利益平衡的问题，她的人生完整了，那么她前夫的人生是否会因为她的决定而残缺？她的女儿是否会因为她的决定而蒙上终身的阴影？如果你在结婚前就考虑到这些，那么你作决定的自由度就会大得多。

停止那些让你不快、让你难以呼吸、让你看不到任何希望的关系吧，不要因为对方的哀求、空话，就又陷入反复的僵局。停止一相情愿的幻想，停止无休止的互相折磨，即使你是要跟这个人一起走下去，那么你们也要停止旧的相处模式，即刻更新。

改变，开始，结束，我们都需要决心。否则，就会在"我不甘心，但是我害怕"的心态中挣扎。

红掌女士因为实在无法忍受跟丈夫之间的相处模式，人间"蒸发"了一段时间，吓得所有朋友到处找她。

她的丈夫更是被吓得厉害，他不断地懊悔自己以前从来没有好好听她说话，从来不肯陪她聊天，陪她做点她喜欢的事，他在寻找她的时候发现自己对妻子会去什么地方竟然毫无概念，他也不知道她带了多少东西、多少钱，不知道她失踪当天穿的是什么颜色的衣服。

当然，后来红掌女士还是回了家，从此她的丈夫对她倍加爱护，生怕有一天再忽然失去她。

其实，她要的只是对方的重视，平时他总是专注于自己的工作，把太太当隐身人。

“我那天实在太灰心了，我觉得我就是走了，他也不会有感觉的，说不定一个月半个月才想起来找我。我想好了，以后我们还这么过下去的话，我宁愿离婚。”

风铃草和红掌都是用很激烈的行为表达了自己的决心，前者是放弃，后者是更彻底地忽视对方的感受。在指责她们的行为之前，不妨先想一下，此前她们的自我是如何被婚姻束缚和掠夺的，也许我们就能理解她们的心情。

我们当然愿意用温柔、平和的方式解决问题，可是，如果沟通不起作用，如果量变到质变的理论，只是使我们变成了一个疲倦、唠叨的人，那该怎么办呢？

追求自己的幸福，是否会伤害到别人？作了分手的决定，是不是就意味着自私和不负责？事实上，一段委屈、心存怨恨的关系，双方都是不得已才继续下去的关系，才是最大的自私和不负责。我们不能在心知肚明两个人无法成为美满夫妻的前提下，还要强迫自己和对方去维持现状。这种状态下的决裂是短痛，拖延才是长痛，等于在看着当初的爱情被我们凌迟处死。

有多少家庭还在无望的、灰暗的关系中苟延残喘，有多少父母在为了别人的看法、为了孩子而勉强维持着婚姻？这样的妥协和牺牲，毁灭了双方都能获得幸福的可能性，算得上是伟大的、值得赞许的吗？

所以在婚前我们必须想清楚，这段关系的生命力到底有多强，你的伴侣是否能跟你一起，实现你们理想的婚姻？

如果你认定了这个人就是你的终身伴侣，不管有什么风险，你都能心甘情愿去承担，那么，拿出你的决心来，走进婚姻吧，不要在恋爱中继续拖延。

如果你已经明确地知道答案是不，仅仅因为不忍心，因为你们相处了很久才这么凑合下去，那么，请不要害怕分手的痛苦，拿出你的决心，让彼此都有一个新的机会去打造自己幸福的人生。

婚姻是为幸福而生，你想获得幸福的决心到底有多大，只有你自己能回答。

耐心：温柔无私，坚持的力量

人与人之间要维护一段亲密关系，非常考验耐心。

没有从来不发火的爸爸妈妈，也没有永远温顺听话的孩子，朋友相处得再好，也不可能什么事都跟你同心同德。

我们接受了这样的相处真相，就会有更多的耐心和包容度去对待另一半。同样，如果你期待对方对你能多点耐心，这样可以让你变得更好，你也要及时地告诉他/她。

耐心是两个人之间的润滑剂，林语堂说婚姻的秘诀就是太太高兴，你跟着高兴，太太生气，你不要跟着生气。事实上他的太太，才是付出了极大的耐心去包容的那一个。

林先生出身贫寒，各种生活习惯都很随意，他的太太，一个精明的钱庄小姐，几十年如一日地提醒着他，告诉他要理发、换衣，要注意仪表。她不以此为烦恼，而是把他当成大孩子一样照顾，以至于林先生经常跟着孩子一起喊她妈妈。同样，林先生对太太也极有涵养，她生气的时候，他去捏她的鼻子，逗太太一笑，什么别扭都没了。

没有耐心的人通常急躁、易怒，性格阴晴不定，情绪无法控制。这样的人，完全没有安全感，对两个人的未来没有信心，一旦矛盾发生，看到的全是悲观的一面，放大所有不满意的地方，直到把自己压到崩溃。

有些人出生在关系紧张的家庭中，用发脾气来掩饰内心的敏感和脆弱，他们以为发脾气可以给自己树立一个强势的形象，可以占据主动，事实上，他/她们经常情绪失控，逻辑混乱，靠着咆哮、哭泣、暴力来控制另一半。

这样的人很可恨，令一段好好的关系充满了火药味，让两个人平和、理性沟通问题的可能性化为乌有。这样的人也很可怜，他们没有被父母教育好，没有养成耐心对待他人的习惯，他们冲动的情绪首先伤害的是自己，也会让另一半感到压抑，感到不安全。

我们不妨时常提醒自己，我们的感情关系如同一个小孩子，你是好好地讲道理，还是粗暴地对待他，喜怒无常地折磨他呢？

这不是一种空想，事实上，结婚之后，养育孩子就提上了日程。如果你们之间没有一段温和、理性、舒缓的关系，那么孩子成长的家庭环境是很差的，尽管你可以给孩子买最好的牛奶、最贵的玩具，物质上十分优越，他仍会早早地逃离这个让他感到压抑的家，将来他可能还会在网上抱怨：我那悲惨的童年啊，爸妈整天吵架为哪般？

随时提醒自己要耐心地对待另一半，尤其是在他/她烦躁、低落、情绪不好的时候，一个耐心、温柔的伴侣会是最好的安慰。

杜鹃女士陪着丈夫一起创业，丈夫开了家小公司日夜奔忙，她的工作和收入很稳定，安心地做了大后方。

应该说，她的丈夫是个面相有点粗野、性格比较暴躁的人，他跟别人打牌也能吵得脸红脖子粗，最后扭头就走。没有人看好他，大家都觉得这样的人做事不可能成功，就连最基本的待人接物都做不好。大家不了解他的另一面——其实他是个坚毅、勇敢，非常会把握机会的人。

杜鹃说大学时，追求她的人很多，总有人说你条件太好了，我可能配不上你，不过我可以好好地对你……只有她的丈夫说，你条件太好了，我一定要变得更好，争取配得上你，我性格不好，你要好好地对我，我会一点点改正。

他敢于袒露自己真实的一面，包括缺点。所以杜鹃跟他在一起也没有什么怨言，扮演着一个温柔宽容的小妈妈。而他渐渐地从对所有的人都暴躁，变成了只对她不发脾气，渐渐地，又变成了只要她说他一句，他马上就冷静下来。再接下来，他的生意大有起色，他们是同学中最后买房买车的，但买的都是最大最好的。

杜鹃在出租屋里生下了儿子，儿子周岁时他们搬了新家。朋友们去看望她的时候，孩子对每个人都笑眯眯的，杜鹃也是一副幸福开心的模样。最让人惊讶的是她丈夫，很难想象这个男人可以变得如此体贴细腻，说话声音都小了很多。大家觉得他的面相也变和善了，笑容和蔼，十分亲切。

“我从来不跟他赌气，他每次发完脾气之后都很后悔，这时我会把没说完的事情再说一次。平时我就多提醒他：‘乖乖，你今天要记得去跟某某签合同，一定要和和气气的，回家我做红烧鱼给你吃。’等他跑了一天，回家吃着红烧鱼，跟我讲起签合同的事，我会高兴地说：‘吃鱼多了，你真变聪明啦，脾气越来越好啦，亲一个。’”

而最开始在他情绪失控、大发雷霆的时候，杜鹃会一声不响地做点小家务，擦擦地，收拾收拾厨房。很快他就觉得自己很滑稽很荒谬，对这样的伴侣还闹什么别扭呢？他道歉，她马上就接受，不道歉，她就等到吃饭或者散步的时候，反过头说，乖乖，我给你道歉啦，真对不起，惹你生气啦。这样的调侃让他惭愧得不得了。

杜鹃的名言是：我接受他的一切，我相信他会越来越好，我们是相爱的，穷一点也无所谓，我们照样可以过得很开心。

读书时杜鹃就是个有耐心的人，她的实验总是最有水准的，因为只有她肯一点一滴地落实那些烦琐的规则，不急躁，不慌乱，不受别人的看法影响。随着时间的流逝，她的耐心，给了她一个真正的好丈夫，一个温暖快乐的家，一个可爱的好孩子。

《圣经》上说，爱是恒久忍耐，又有恩慈。

你容忍了对方多少，又回报了多少？你是否还在得意于一个撒娇、任性、不讲理的小女人形象，因为你觉得女人本性就是如此，男人要负责包容？你是否明白只是索取，没有付出，不给予另一半包容和信任，只是无休止的任性和霸道，会把他的爱和耐心全部消耗掉？

你可以做一个有耐心的人，你可以得到对方更多耐心的对待，你们的感情和耐心一起生长，直到你们建立家庭，新生命降临，你们的孩子，可以做一个温和、快乐、积极乐观的小孩。

耐心是坚持不懈，是爱让你拥有这份前所未有的毅力，这样的心情会让你们原谅、包容、体贴对方，会让你们一起牵着手，在时间的旷野里慢慢地走下去。

信任：自信的人，坦荡地爱

自信的人，能够乐观地面对自己的人际关系，获得他人的信任，也会因此拥有更多自由。而我们也常常听到很多人说，我不太自信，总是担心这个担心那个，觉得自己把握不了自己的人生。这样的心态，会是一段恋爱就能改变的吗？

我们受到的情感教育基本来自于家庭。父母会让你看到丈夫和妻子之间应该如何相爱；也有失职的父母，给孩子淋漓尽致地展现了婚姻中不好的一面：抱怨、苛求、疑神疑鬼……直到亲手毁掉了这段婚姻。

有些人离开伴侣的理由是，他/她完全不信任我，如果是这样，再相爱又有什么用？他/她不是警察，我也不是他/她的囚犯。

婚恋关系中的信任，首先根植于对自己的信任，自己确信这段关系可以有个好的未来，而不是充满怀疑和否定。

很多人在情感倾诉中，一上来就要“谈场没结果的恋爱”，很悲情很“文艺”，谈起来也果然很曲折很纠结，符合自己对爱情的一切幻想，到了最后谁是谁非已经扯不清楚，只能感伤地说："啊，这是我一个人的地老天荒，啊，爱情本来就这么伤。"

事实上，你一开始就给了自己消极的心理暗示，之后不停地提示自己，所以你得到了你想要的——一场有头无尾只适合成为回忆的恋爱。

在网上经常能看到这样情感类的倾诉帖子：我爱他，但是他的话我一个字都不信。还有人为爱变成大侦探，每天检查他的电话、信箱……很多这样的故事的核心问题，就是缺乏信任。

因为爱，我们变得谦卑，愿意奉献一切去对爱人好，但是我们不应该就此怀疑自己，背叛本心，丧失了全部的自信。

"爱就是犯贱"，"爱到没有自己"，"女人遇到他就变得很低，低到尘埃里"，"爱情是瘟疫，当局者迷"……

你可以继续找出很多这样适合怨妇阅读的句子，归结到一点就是这些人没有信心去把握、创造一段健康、强壮、充满生机的爱情。

你去爱了，你要对自己有信心，也要对你的伴侣有信心，焦虑、怀疑、质问……这些不自信的表现会让你自虐又虐人。

剑兰女士就是个不自信的例子。她习惯对男朋友们好，不停地给他们买衣服，买吃的，做了很多事，同时又不厌其烦地问："我对你好不好呀，你到底爱不爱我呀？"如果对方稍有不耐烦或者迟疑，她马上感觉受到严重伤害，开始哭泣、悲叹："为什么会这样，我做错什么了，你要这样对我？”

她要么会哭闹得令对方不知所措，要么双方陷入冷战，对方晾着她不管，直到她再次打电话过去追问：你到底爱不爱我呀？你看我有多爱你，我为你做了多少事情……

经历了几次分手之后，剑兰女士领悟到了千古“真理”：男人都不是好东西，没一个靠得住。

经人介绍，剑兰女士结了婚，她会定期检查另一半的行踪、电话记录，但凡聚会她都要求跟着出席，包括丈夫的足球队聚会，全部是男人，她也照样坐在一边看住他。

不用说她还是对丈夫很好的，衣食住行样样照顾得很好，等到丈夫稍有反抗，她马上又搬出这些来压倒他：“我对你还不够好吗？你看我有多爱你，我做了多少事情……”

这样的行为模式，可以一直追溯到她的父母身上。

剑兰女士的妈妈是个控制欲超强、追求完美的妈妈，爸爸有不少应酬，而妈妈每次不管多晚都要等他回家，目的是让他愧疚。妈妈把她和爸爸照料得无微不至，他们一旦有什么事情不顺着她，她便会马上反过来指责他们：“怎么，还不满意我吗？白眼狼，看看我为你们付出了那么多……”

在这样的家庭里长大的剑兰女士，很忠实地复制了她妈妈的一切，用爱作为武器控制对方，依赖对方。她从来都不敢相信，如果对方摆脱了她的控制他仍然还会爱她，她以为爱就是把他抓得牢牢的，把他当成一个婴儿一样看待。

剑兰女士的父母在她大学毕业后离了婚，爸爸出轨，瞒住妈妈与对方交往了一年。剑兰妈妈的余生是在怨恨对方的背叛中度过的，她不断给女儿灌输自己的理论：对男人要管得紧紧的，千万不能放松，男人的本性就是忘恩负义，喜新厌旧，一定要把他们拴住才行。

这样的理论既不能帮到妈妈自己，也不可能在女儿身上取得成功，剑兰的丈夫忍受不了她的疑神疑鬼，先是分居，然后不惜一切代价离婚。

剑兰女士跟她妈妈抱头痛哭，抱怨命苦，抱怨男人无良，她们认定了今后的人生无比黑暗，奉献了一切还得不到幸福，就跟一开始她们预料的一样。

信任，是情感稳固的基石，平时你看不到它的存在，但是没有了信任，再热烈的关系也会动荡不安，最后崩塌。你的不自信，会让感情关系异常紧张。越是不自信的人，越想要占据强势地位，越是想证明自己是对的，对方如果不顺从，马上就感觉受伤，接着开始用“你伤害了我”去指责对方。

你的不自信，会让你迫不及待地献出一切去获得爱人的认可，不管他是不是需要这些，因为你只会这些，你根本不知道他到底需要什么，也不想知道，你很怕他想要的东西，是你所没有的。

你的不自信，会让感情关系中充满怀疑和焦虑，在你的影响下，对方也会觉得这段恋爱可能没有好结果，爱人会感到不舒服，不放松，无法奉献自己的一切去迎合你，分手成为必然。你会说对方是负心人，但这种角色是你强加给对方的，对方也就习惯了。

你的不自信，还在于你不敢去信任对方。你不敢把自己的未来，交到一个与你处处不同的人手里，你对他/她的不信任，会雪上加霜，伤害了他/她原本的信心，也伤害了你们之间的爱意。

跳过舞的人都知道，身体上的默契，绝对是舞伴之间互相信任的结果。一个手脚僵硬、不敢把自己的身体放开让舞伴去引导的女人，她再漂亮，再聪明，也不能成为一个出色的舞者。而真正投入地享受一段舞蹈的人，总是非常信任舞伴，你进我退，跟着节奏在音乐中配合自如，享受到身心的愉快。

舞蹈、性爱、婚姻，莫不如此。你不信自己，不相信自己拥有幸福的能力，你又不相信对方，不信他有带给你幸福的能力，你还不相信爱，觉得爱情都是骗人的鬼话，而婚姻又脆弱得不堪一击。嘿，既然你的心里充满了悲观和黑暗，那么幸福该如何降临呢？这真是个难题。

不自信会放大生活里一切的不如意，引起怀疑，其中的逻辑是这样的：先是怀疑沟通是否真的有效，接着怀疑对方说的是不是真话，再接着怀疑对方说的是否能兑现，最后继续怀疑沟通是否会有效果。很快你发现另一半极端讨厌这种谈话，接下来，你就会很绝望地说，沟通，我努力过也尽力了，没办法了，走一步看一步吧。

信心需要积累和培养，而怀疑的逻辑，却可以不断地摧毁两个人的信心，让最初相爱的美好，一点点在拉锯战中蒸发。

其实幸福就是转念之间的事情，与其在猜疑中惴惴不安，为什么不试着换一种思路，去尝试相信：

现在的你就是一个健康、愉快、幸福的人，正等着迎接一切美好的东西。

你会拥有最美好的爱情，你能实现自己的理想，积极乐观地面对生活，你的未来一定会很好，甚至超出你的想象。

你的另一半真心爱你，你也同样能给予对方更多、更美好的爱，你们可以在一起创造出幸福的人生。

你们会是一对合格的父母，你的孩子可以亲眼见证婚姻的美满，在一个愉快安稳的家庭里，长成人格健全的人。

学会了信任，你会发现现在的情感关系是一个巨大的宝藏，还有很多幸福和快乐，等着你慢慢挖掘。

我们需要做的仅仅是相信自己，有战胜过去、把握未来的能力；相信自己不再是一个无助的小孩，不再在焦虑、紧张的关系中成长；相信自己，值得拥有这世界上所有的美好；相信自己，每天醒来，可以听到幸福的敲门声。

责任感：承担和付出，不可逃避

听到“责任”二字，很多人的第一反应就是：不要！

责任意味着压力、付出和风险，难怪大家听到了“责任”就会觉得不舒服，而现代人更向往的是轻松、自由、随心所欲的生活状态。

但不可忽视的是，婚姻本身就是一个重大的人生责任，事实上关于责任的问题，从你们恋爱时就开始了。

责任的承担与分配，是恋爱和婚姻中最常见的烦恼之一。“为什么非要我做，你为什么不去做？”“为什么不管我说多少次你还是不肯去做？”“好吧，我们都不做，咱们各管各的。”……

很多因为鸡毛蒜皮小事分手的夫妻，有的是在生活中发现价值观上的根本分歧，有的纯粹是为了赌气，为了惩罚对方，才作出这种草率的决定。相处上一时的不顺利，就足以令他们打起退堂鼓，他们不敢对自己的感情生活负责，不敢拿时间来冒险，于是结束这段关系，放弃责任，就成了最好的选择。

责任是什么？责任是双方需要承担的义务，原始社会中，男人打猎、捕鱼，女人采摘野果、野菜，责任是根据身体特点自然形成的。封建社会男耕女织，男主外女主内，是来自制度和观念上的约定俗成。现代社会，男女取得了一定程度上的平等，女人跟男人同样有进修、工作的机会，男人也一样可能会面临失业，只能待在家里依靠太太的收入生存，责任又需要重新分配。

但无论如何，对于维系感情和家庭来说，责任是来自双方的。明确了感情关系和作出婚姻承诺后，夫妻双方都要承担起各自的责任，维护、改进、修复、提升，让两个人的生活都更加丰富和美好。

每天衣食住行、柴米油盐、鸡毛蒜皮，都是我们在履行这个责任的过程。任何一方的推卸逃避，都会让婚姻变得难以忍受。

婚前准备中，对责任的思考是非常有必要的，越来越常见的“闪婚之后闪离”，原因也在于双方对于婚姻轻率的态度，没有考虑到结婚后应该承担的责任。

在结婚前，针对婚姻中要承担哪些责任，作好充分的沟通，婚后你们可以过得开心顺利。如果没有这样的讨论，仅仅是简单的“男人管大事女人管小事”、“不管什么大家 AA 就好了”，等遇到具体的问题，你们就会为了责任分配而争论不休，互相指责对方的自私、霸道。

婚姻中最基本的责任包括四个方面：彼此忠诚、家庭事务的分担、经济上的贡献、彼此包容。

忠诚：不容挑衅的底线

现代生活中，每个人的选择越来越多，追求自由的要求越来越强烈时，这是否就能成为我们背叛、出轨、脚踏几只船的理由呢？

忠诚有肉体和精神两个层面，总有人心存侥幸，我没上床就是忠诚的，小暧昧也不算是背叛。你是妻子，她是妹妹；你是丈夫，他是知己——精神出轨的人总有很多理由和借口，事实上他们的道德感和责任感都很薄弱，这样的人适合一直保持单身，以便随时在感情关系中全身而退，很难承担起婚姻和稳定的感情关系中关于忠诚的责任。

不忠诚的人带给伴侣的是莫大的精神痛苦，很多人因为伴侣的背叛，无法再相信异性，不敢开始新的感情关系。

波斯菊女士有个很美满的家庭，自己和丈夫收入不错，生活富足，丈夫平时奔波在外，使得她难免感到寂寞。波斯菊在一次出差中认识了一个男人，此后联系不断，聊天、写信，最后他出差到她所在的城市，两个人开房过夜。

波斯菊的性格里有追求浪漫的一面，为了这个男人她跟丈夫提出离婚，经过不少波折之后，她最后还是跟丈夫在一起，而且也深感出轨行为很羞耻，决心悔改。

但此后的一切都不同了，她丈夫会随时出现在她的面前，随时抽查她的短信、聊天记录，家里的事情稍有不顺心，他会马上发怒：“给我戴绿帽子你怎么不说？下贱的女人！”

平静下来之后他也觉得自己不对，可是他一想到她曾经的背叛就不能控制自己。

为了挽回局面，他们要了孩子。照顾宝宝的努力果然让两个年近四十的人都变得安详、和睦。在儿子不到一岁的时候，他们又为小事吵了起来，波斯菊又听到了他暴怒下熟悉的责骂，她麻木了，可是看到儿子那惊恐的眼神，她再也无法忍受下去。

一次背叛，让之后所有的责任都失去了平衡。波斯菊的儿子，还没学会说话就要面对残缺的家，从此要面对单亲家庭都会有的一切问题。谁来承担这个责任呢？

同样，梅花小姐则是苦于男朋友的风流多情，她还记得某部电影里，女主角说他有桃花劫，让我来挡，梅花觉得真是说出了自己的心声。

一会儿是网上认的干妹妹，一会儿又是大学里的女校友，一会儿又来了个老家的青梅竹马，梅花的男朋友很享受这种周旋在异性中的感觉，他对梅花说：“反正最后回到你身边不就行了，要是你觉得不平衡，你也出去找好了。”

梅花最终还是下定决心离开了他，几年下来，因为这些暧昧事件的争吵、哭泣、苦恼，已经让她患上了神经衰弱。

也许在这个信息发达的年代，要求精神忠诚比肉体忠诚还要难，也许在这个观念开放的年代，肉体忠诚也不是一些人的原则和底线，不忠诚的人，只以自己的片刻快乐为快乐，不对任何人负责。这样的人，给不起优质的婚姻，他们只会把原本美好的婚姻理想，粗暴地践踏到泥土里。

分担家庭事务，分寸感很重要

家庭事务的分担，不仅仅是做家务那么简单，当然，为了家务争吵甚至闹离婚的也不在少数。这种原因让人好气又好笑，其实追本溯源，还是责任心的问题。

我们不能说，一个男人不洗碗不擦地，他就没有责任心，可是，如果他答应得好好的，这是属于他负责的那一部分家务，之后还是要赖不做，那至少说明他的责任心没有变成实际行动。

打算结婚的人有必要商量好，谁比较愿意做什么家务，比较不喜欢做什么家务，剩下两个人都不喜欢的，要么请小时工，要么就跟学校值日生一样，轮流来吧。

我们都希望自己生活在明亮干净的环境里，都希望回家能吃到新鲜可口的饭菜，都希望周末能出去游玩，很可惜大部分的人是不会有全职用人伺候的。单身时自己解决也无所谓，等到多了个伴，两人不约而同地要求：我爱你，你可要好好照顾我呀——好的，你们还是坐在谈判桌的两头，好好分析将来有哪些事情要做，谁来做，做多少吧。这比简单的“我爱你，你就要让我衣来伸手饭来张口”来得实际。

如果说，家务活儿只是日常生活的一部分，大可不必原则性那么强，多做一点少做一点无所谓，那么，家庭事务可就不是擦玻璃换灯泡那么简单了。买房子，给长辈过生日，出席各自家族的聚会，过年回谁家，跟婆婆住还是跟岳母住，是否要供小姑读书，岳父做生意借钱怎么办……类似这样进退两难的事情，我们在生活里听得不少，在网上看到的就更多了。

要说道理，绝对是公说公有理，婆说婆有理，可是道理不能解决问题，或者说，解决了心里也会有疙瘩。我们就当成是必须承担的责任，带着积极的心态去面对吧。

事情分两种：出钱和出力；作决定的方向也分两种：偏重你家还是偏重我家。利益相关，如果不是有责任感在提醒我们，真的很容易翻脸。

小家以外的各种事务，要把量力而行当成原则。时下流行的凤凰男孔雀女的讨论，就是一个责任感超出小家能力范围的问题。

也许有人会认为，孝顺父母天经地义，为此牺牲生活的舒适，推迟买房要孩子的计划也是理所应当的，他/她自以为很有责任感，可是这是建立在伤害另一半的利益，对另一半不负责的基础之上的。

有人把婚姻当成观念上的默许，认为跟我结了婚，就等于同意了要以我家为重心，以后任何事情，我都要把我的父母兄弟放在第一位，伴侣只是第二位。这样的人，尤其需要在婚前就把他/

她的观念说清楚，告诉另一半自己的真实想法。

平衡大家和小家的利益，分寸感非常重要，尤其需要两个人的同心协力才能完成。记住，婚姻是责任，你们首先要对彼此负责，有了事情你们要一起分担，至少也要一起商量。

经济上的贡献，多样化选择

婚姻里的经济问题，其实可大可小。因为金钱并不与幸福等价，平常人家也一样可以过得其乐融融。

有住在小房子里每天唱歌说笑话的好夫妻，也有坐在跑车里哭泣的伤心男女，确实，良好的经济条件会给我们更多的可能性，过上比较舒适、自由的生活，但是贫贱夫妻也未必就要百事哀，两个人携手打拼也能成为甜蜜的经历。

现代社会里，换工作、求学进修已经是我们的常态，因此带来的经济条件的变化也比以往要大得多。是不是说养活失业男友就一定很悲惨？还是做全职太太，就一定很幸福？不见得，这完全要看每对夫妻自己的想法。

偏见总是影响着很多人的想法，武断地认为，我是女人，我一切都要靠男人，或者认为穷人就只配过清苦的生活，一点享受都不应该有的类似观点，都会让心态失衡。其实，生活方式的选择这么多，你完全可以根据你和另一半的情况，来安排你们的经济生活，何必非要搬出各种老掉牙的俗语做论据呢？

君子兰女士遇到的问题在现代社会已经很常见，女强男弱，她丈夫的收入不到她的三分之一。

君子兰从事IT行业，优秀的销售业绩让她早早实现了经济上的各种理想，买了几套房子，换了车，出席各种场合的衣服很讲究，首饰、包包、鞋子一大堆。

她深爱着自己的丈夫，改善自己的物质条件时从不忘记他，可是换来的却是丈夫的抵触，是他在对比之下的失落感，他喜欢讽刺她，嘲笑她的打扮，把她买回来的名牌男装堆在衣橱里不动。

君子兰想出去旅游，他酸溜溜地说："我是穷人，去不起，要不你住五星酒店吧，我住青年旅社就成。"

丈夫在经济上开始做一个完全撒手不管的人，物业费、水电费、电话费，家里要买些纸巾这些事他都不管，或者是他买了东西之后，把购物小票朝君子兰面前一伸：花了45块，你记得还给我。接着，两人就是一场大吵。

也许很多人听到这样的事情后会说，这样的极品男，赶紧放手啊，还等什么？但是君子兰知道，他以前并不是这样的，他们毕业时在这个城市一无所有，可是过得非常亲密、和睦。他会把全部工资交给她，努力做兼职只为给她买件新大衣做礼物。

抛开遭他冷遇带来的委屈，君子兰发现了自己的问题：她太高兴经济上的突然改善了，迫不及待地去实现自己关于物质的各种想法，忽视了丈夫的感受。以前都是丈夫不断许诺，希望他能有更多的收入，为她带来好的物质生活，现在却成了被她"救济"

的人。

经济上的落差的确让丈夫的自尊心受到了严重打击，他开始对这个家不闻不问，不管她问他什么，他只会说一句：好。不想参与意见。因为他感到那不是他的钱，他也无法再在经济上给予她什么，他干脆自暴自弃做一个彻底的失败者。

这是一个普遍的状况：男人需要被女人依靠，就像女人需要依靠男人一样，如果他们失去了这种地位，他们会恐慌、害怕、焦虑、自我怀疑。按照世人的眼光，他们的位置如果倒转过来，这种顾虑就没有了。

我们习惯了男人冲锋，女人做后盾，男人在外面赚钱，女人做个全职太太。有调查表明，经济上男人收入和女人收入为三比一时，这样的家庭最稳定。

的确，月入三千的女人，很高兴跟月入一万的男人结婚；月入一万的女人，嫁了月入五千的男人，心中可能还是会有遗憾。

女人在经济上的强势，会让男人感到很大的压力，一方面觉得，我养不起她，我配不上她，另一方面又会觉得，随她去吧，反正我也管不了。

在这样消极念头的驱动下，君子兰丈夫奇怪的行为，就不难解释了。

“等我想明白这件事，我就立刻从杭州飞回了北京，收拾好屋子，做好饭菜，等着他回家，我把我的想法都告诉了他，我们都哭了。”君子兰说。

君子兰的丈夫也告诉她，看到妻子毫不留情地把以前穿的旧衣服都丢掉，觉得妻子跟着自己受了很大的委屈，辛苦奋斗的过去也被丢掉了，找不回来了。

“我给他看那件大衣，的确，我的衣服都换了，可是那件大衣我会保存到老，等我们有了女儿，我要送给她。我告诉他，爱是我前进的动力，如果因为工作、因为这些钱就要失去他的话，那我宁可不要。”

君子兰的丈夫开始接受现实，他在工作之余尝试小的投资，看到妻子要有大笔消费的时候，他会提醒她注意性价比。他也会打扮光鲜，陪着妻子去出席活动，在一次聚会上，他还得到了一个更好的工作机会。

君子兰在生日那天收到了他的礼物——一枚很精巧的金戒指。他说，我一直想送个戒指给你，结婚的时候很穷，送不起，现在可以了。

和君子兰交往的大多数朋友手上，都戴着闪亮的大钻戒，只有她很高兴地戴着那枚金戒指。

也许在很多人的眼中，君子兰是个活得很吃亏的傻女人，她的丈夫是个吃软饭的小男人，可是，他们过得很幸福，这才是最实际的。

其实，经济上的承担和分配，只要两个人都接受，那也不用为“别人会怎么看”所苦。

电影导演李安先生成名之前，做了六年家庭妇男，打理家务，接送孩子，一家人靠着太太的薪水过活。他在成为蜚声国际的大导演之后，仍然能坦然面对这段经历，也仍然跟妻子和睦如初。

很悲哀的一种婚姻状况是，我们明明很相爱，可是因为没有钱只好分手。为贫穷分手是借口，每个成年人都应该对自己的经济条件负责，年轻人不必害怕一时的贫穷，通过双手的辛勤打拼，到了中年自然会积累起自己的财富。

在考虑婚姻的时候，把钱放在第一位是很可怕的，即使对方是富豪，你们在精神上遇到的各种问题依然存在。但如果你们的精神高度契合，你们有勇气和信心去改变生活，那么你们或早或晚，都能拥有自己理想的生活。

还有一种婚姻的悲哀在于，我不爱他，可是他/她条件很好，所以我们结婚了。很快你会发现，一个了解你、珍惜你的人，远比你的复式房子和宝马车更加珍贵。两情相悦，比大牌包包和鞋子更能让人靠近幸福。

多少钱才能让你幸福？还是多少爱能让你幸福？工资在幸福婚姻里起多大的作用，是不是交出了工资卡就万事大吉了？这些问题，千人千个答案，你的答案呢？你和你的伴侣都能接受这样的答案吗？

彼此包容，爱是恒久忍耐

总有人说，男子汉大丈夫，别跟女人计较，宽容点吧。仿佛这是男人的专利。

如果承认了这一点，并且靠这一点来约束男人，那么等男人轻蔑地说，女人家头发长见识短，都应该听男人的话，我们该如何反驳？

宽容是件相互的事，不要在两性关系中形成总是某个人在撒娇、赌气，另一个来道歉的模式，这种模式很挑战耐心。

我们不是神仙，谁也不能无休止地去宽容一个人，即使是夫妻、母子也不行。而且，偏重一方的宽容，会让另一个人越来越任性、脆弱，稍有不顺心马上爆发，因为他/她拿稳了对方会来哄自己，原谅自己。

婚姻里的责任是挑担子，两个人的肩膀上都有重量，在允许的范围内，谁多点少点没关系，但如果都推到另一个人身上，自己想空手走，那么这副担子会把两个人都压垮。

要求对方宽容自己的时候，请反思一下，你对你的伴侣，做到了同样的宽容和关爱吗？

蒲公英是个积极主动的人，从事培训工作的她，喜欢把生活里的各种事情都做成一个个的小方案，按步骤执行，定期回顾，继续执行。她在两次恋爱失败之后，建立了一个新的文件，想把自己培训成一个宽容的人。因为回想起前两次的感情经历，基本上是她的挑剔、任性，吓跑了男朋友。

“因为我的工作实在太辛苦了，我就想在他的面前做做小女孩，现在想想是挺无理取闹的。”她反省了自己，之后开始行动，先是给前男友打电话，为之前的一些行为道歉，“这不光是弥补人家所受的伤害，也是为了我自己。我的毛病可能从小就养成了，喜欢追求完美，上课安排的四十五分钟，每一分钟我都要利用上，结果下了课我不自觉地继续这样要求别人，这样不好。”

现在的蒲公英是个笑起来很甜的美女，但是以前的她为了做一个有威严的培训师，几乎很少笑。可是，她已经发现，倾听、微笑，讲一些有意思的小笑话，这么简单的事就能让她变得更受欢迎。而且学员并没有因此就不听她的指挥，相反，她的课程质量也提高了很多。

蒲公英的第三任男朋友是她的学员，他追求她，告诉她说：我听了你的课，觉得你是个脾气特别好、特别可爱的女人，我很想找这样的女人做我太太。蒲公英拿他当成宽容训练的最后一课，“能成就成吧，不能成就当他是陪着我做功课了。”不知不觉，她自己的要求也放宽松了，从前她对每段关系都以结婚为最后目标，男朋友们发现做她的男友比做老公还惨，只好无奈放手。要求放低了，她反而能跟第三任男友相处愉快，几个月后住在了一起。

“同居时，我们经历了很多挑战。有一段时间他情绪非常不稳定，工作压力大，刚好那段时间我要到外地讲课，手机没电，他打电话找不到我。后来电话接通时他跟我大吵大闹，那时我也很累，可是我能明白他的心情，我没有发火，只是对他说，很晚了，早点睡吧。如果你还没说完，就继续说吧。他对我的指责开始变成了工作上的诉苦，一口气儿说到次日凌晨两点，我都睡着了。”

蒲公英对矛盾作了宽容处理，换来了男朋友的感激，他很惭愧自己的情绪失控，同时也很庆幸找到了这样一位大度的女友。

宽容是种高尚的品质，宽容平和的气氛，是维护两个人感情的重要因素。和自私、挑剔、事事都看消极面的人生活在一起，会是一场彻头彻尾的悲剧。我们不是完人，犯错后更需要原谅和宽容。原则之外的问题，没必要上升到不可饶恕的高度。谁也不要把自己当成法官，一旦对方做了错事说了蠢话，就不依不饶纠缠个没完。学会了宽容、原谅，我们的心灵就更成熟，也更坚强。

但是也要避免那种无可奈何的宽容：不原谅他怎么办呢？我都是他的人了；想计较也不成啊，我又斗不过他，这辈子算是完了；她就是这种大小姐脾气，我惹不起我还躲不起吗？

消极、逃避问题，是缺乏责任感的表现，并非真正的宽容。宽容是你们在心灵上达成了和解，是你真正容纳了对方跟你不同的地方，宽容也是对自我心灵的修炼，你越是宽容，你就越容易得到快乐。

宽容也会给对方留出成长的空间，让对方可以自觉地纠正错误，加以弥补，在你犯错的同时，对方也回以同样的宽容。不宽容，不原谅，每天为了小事争吵不休的夫妻，每天都希望对方能顺从自己、取悦自己的情侣，注定是一对怨偶。

行动力：去做就是最有效的改善

“我们是真爱！”

理由呢？

我们一见钟情，我们星座很合，我们都喜欢某部电影，我们都爱唱某首歌……

其实，衡量真爱，有一个最简单的标准：抛开他/她说了多少，只看他/她做了多少。

雨果说：“爱是行动。”当然，行动也需要积极的行动，才会让感情关系更加美好。一个满口山盟海誓、貌似情圣的人，除了调情和做爱之外不肯为你做任何事。那么很确定，他/她是不爱你的。他/她爱的是自己，那些爱的表白是用来表现自己，用来征服你、说服你配合他/她的欲望的。

悲哀的是，这样的人往往很有市场，有很多人愿意为了情话献身，为对方洗衣做饭忙里忙外，自以为这就是爱情，事实上这是一相情愿，自欺欺人。

有人会辩解：人和人的类型不一样，有勤快的，有懒的，爱难道不用表达吗？再说做很多事就是爱了吗？太实际了，也许那是想把你骗到手而已。

那可以换种说法：一个为你做很多事的人，可能不是真爱你，可能有自己的目的，但是，一个口口声声说真爱你，却不见行动的人，那么他/她一定不是真爱你。

爱一个人，会激发出我们心灵中很多美好的东西，奉献就是其中之一。还记得老电影中的农村姑娘是如何表达爱慕的吗？替他补一件衣服就可以表明心意。再把时代推远些，古代的官家小姐私订终身，总不忘了带上银两首饰，送给心上人做盘缠。同样，男人爱上女人，粗心的人也会嘘寒问暖，小气的人也会大方地给她买点小礼物。一无所有的穷男生，也会跑上老远的路，去火车站帮女朋友提行李。

爱一个人，经常让我们忘了自己，以他/她的喜欢和讨厌去树立标准，恨不得把自己所有的一切都双手奉上。这当然有损失自我的可能，但经历过爱情的人都会明白，那是为爱人付出和奉献的喜悦。

行动是爱情与婚姻中最美好也最关键的部分，行动是连接理想和现实的纽带。没有理想，或许我们还可以在实际行动中慢慢总结经验前进，但是没有行动，一切理想都是纸上谈兵。

行动不怕缓慢，高楼大厦也是由一砖一瓦建成；行动也不怕笨拙，做得多了自然会去粗取精越来越好；行动不怕能力有限，

爱一个人，会激发出我们心灵中很多美好的东西，奉献就是其中之一。

能力往往是在行动中得到锻炼，不断地让你自己也觉得惊奇；行动不怕贫穷，不怕忙碌，钱和时间一样，只要挤总是会有的。

行动怕的是冷漠、拖沓，对另一方的需求视而不见；行动怕的是光有承诺不见兑现；行动怕的是根本不行动，也不认为有行动的必要。

如果我们已经认定了身边的这个人，却不能跟他/她一起创造幸福的婚姻，是你的行动不够？还是他/她不够？你们了解对方的需求吗？你们为了这些需求做了哪些事情？

行动有积极的，也有消极的，多采取积极的行动，会让婚姻生活充满金色的阳光，而消极的行动，则会让婚姻乃至整个人生都变得灰暗。

总是微笑着对待对方；
认真地倾听；
记得他/她想要的东西，会送出惊喜；
轻松、平等地谈论问题；
接受对方不一样的意见；
善待对方的父母、朋友；
陪他/她做体检、看医生；
一起去运动；
一起旅游；
计划将来，把对方也算在内；
对方的付出，要说谢谢，
自己的错误，要说对不起；
有属于两个人的纪念日；
会打电话报平安；
会赞美；
温柔地拥抱和亲吻；
随时说我爱你；
……

当面指责；
冷淡，不耐烦的口吻；
不断挑剔；
暴躁，易怒；
口不择言；
答应好的事不做；
靠耍赖逃避责任；
冷战；
身体暴力（包括性暴力）；
拒绝沟通；
轻蔑，看不起对方；
随时说分手；
揭旧疮疤；
辱骂；
情绪失控，歇斯底里；
哭泣，不说话；
玩失踪；
迟到；
……

这将是一张很长的清单，你可以在生活中一一对照，并补充上自己的心得，这会是你们婚姻的“操作手册”，提醒你们为对方多带来一些阳光，驱赶开那些灰暗。行动起来吧，细心浇灌你们的爱情，让这段关系在婚后生长得更加枝繁叶茂，开出美丽的花朵。

还有一点需要注意，积极和消极的行动，应该是两个人共同认可的。你们可以评估一下这张清单，也许早起吃早饭对你来说很金色，对他/她来说就是噩梦，也可能在你做一个自以为是金色的行动时，破坏了他的独立空间。如果遇到了冲突，就想想前面说过的耐心和宽容的部分吧。

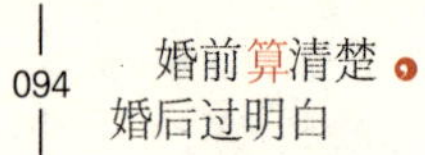

评估清单

——★金色的行动 ★灰色的行动——

金色的行动：

灰色的行动：

幽默感：有趣一点，让乏味走开

幽默感太容易做到了吧，我这个人对谁都嘻嘻哈哈的。

幽默好难啊，我很羡慕有幽默感的人——我该怎么做？背一本笑话大全？

幽默并不是轻率、无所谓的态度，也不是要求我们加强喜剧表演的功力，婚姻和感情关系中的幽默感，更多的是带着一种轻松愉快的态度看待两个人的相处，并解决问题。

亦舒的名言："他能使我笑。"女人对情绪的敏感程度之高，会让幽默感成为评定异性的重要因素。一个能使你笑的男人，经常会让你忘记你们之间的差距，排除万难也要跟他在一起，而一个各个方面再完美的男人，如果没有幽默感，你也会为之感叹一声：唉，什么都好，就是很乏味。

幽默是男人的专利吗？不，跟前面的决心、耐心、信任、责任感、行动力一样，幽默感并不是对某一方的要求，而是双方都应该去注意提升的部分。

我们为什么要去孜孜不倦地要求对方具备各种创造理想婚姻

的要素？那反观自己的身上又做到了多少？女人会不自觉地把理想投射到男人身上，其实是想以他的“越来越好”来弥补自己的“我不够好”，其实这样绕弯子会让男人很累：“为什么你有这么多要求？”女人也很苦恼：“我都是为了你好，为了我们的将来好。”

求人不如求己，无论男女，我们自己首先就应该在各个基本要素上作出努力，有决心去开始一段稳定的关系，有耐心去一点点经营、积累，有信心去争取幸福，承担起各种相关的责任，愿意不断行动，让理想慢慢降落于现实。

如果说这个过程是你正在画的一幅画，那么幽默感将是其中的点睛之笔，会让你的画生机勃勃，充满情趣。

一个有了幽默感的女人，会用很多种不同的角度去看问题，她也将学会大事化小，哈哈一笑就带过去。幽默感也能调节情绪，一件本来令你愤怒的事情，在你眼里如果只是个笑话，那也就没有必要大发雷霆。

三色堇阿姨有很多小窍门可以跟大家分享，她年近六十，打扮起来人人以为她只有四十岁。三色堇阿姨没有养尊处优的经历，她出身普通，和那个时代大多数人的经历一样，上山下乡，回城，下岗，两边的老人相继生病。她的特别之处就是从来没有跟同龄人一样，被生活的忧患折磨成暴躁冷漠的女人，而总是过得很开心。

“人都说穷开心，我跟你说，就因为咱穷啊，所以才能开心，万一要富了还开心不了了，我可不干。年轻时我们俩也吵架啊，他是个闷葫芦，说一句就噎死人，我也不跟他顶牛，我唱歌！我唱《沙家浜》，相逢开口笑，过后不思量，我一唱他准笑我：就你还阿庆嫂？我就说他是刁德一，说到这儿了，也不知怎么了，就好了。”三色堇阿姨的独唱，到现在还是家里的保留节目。

丈夫现在老了，越发依恋着妻子，每天两个人都要手拉手地去公园遛弯，她去做操，他就坐在一边等她。

三色堇阿姨有时候也会说他：“人家都在做操，谁派你看热闹啦？穿一身的深色在那儿坐着，再给你打把伞得了，人家会以为你是个蘑菇。”

这个笑话是女儿讲给她听的，阿姨记住了，总是拿来笑话老头。为了不当蘑菇，他也只好站到最后面，伸伸手，动动脚。

三色堇阿姨的女儿说：“妈妈留给我的最好财产就是乐观，什么时候都不忘幽自己一默，我出国的时候很苦，一个人打工，上课，没什么朋友，那段时间真的很难受。有一天我忽然也唱起来了，对了，就是阿庆嫂那段，我出来进去的嘴上总是哼着那几句，心情真的好多了。后来认识了不少朋友，原来我被别人叫做大声唱歌的女孩，还有人因此才想认识我的，哈哈。”

人人都愿意跟有幽默感的人相处，善意的幽默能让人更容易接受意见，有幽默感的人懂得自嘲，很容易找到台阶下。如果说有些男人幽默起来略显油滑的话，那么有幽默感的女人，真的会让周围的人如沐春风。

仙客来女士的丈夫很庆幸自己找到了一位好妻子，她是杂志编辑，热情敏感，追求情调。丈夫做广告工作，压力很大，作息也不规律，他们时常有摩擦，但解决的办法很强大：仙客来专门买了一面小黑板挂在客厅，生气的时候在上面涂鸦：××× 是坏蛋，打倒 ×××！今天 ××× 出差不接我电话，踩 1000 次。

那种类似胡同墙上常见的小孩子笔迹，让她的丈夫每次见了都想笑。他也想尽办法，在上面留下自己的意见，比如画个吐舌头的鬼脸，旁边写个“顶”。

仙客来还有用来惩罚丈夫的“刑具”：好几只巨大的塑料充气锤子，两个人经常抓起大锤相互打得不亦乐乎。

丈夫在她过生日的时候专门买了一副很大的毛绒拳击手套给她，讨好地说：“以后生气的话，可以用它来打我。”她隔天去玩具市场买了个很夸张的卡通盾牌给丈夫，要求他在上面亲笔写上几个大字：老婆，我错了！可以想见他们在互相发泄怒气的时候，是多么搞笑。

仙客来攒的这些宝贝，现在已经成了儿子的玩具，儿子也学会了在小黑板上写：“妈妈，对不起，以后我再也不偷吃巧克力了。”

仙客来当年喜欢读三毛的文字，她说三毛有一对陶土娃娃——亚当和夏娃，他们生气时就被放成背靠背的样子，和好就变成面对面，她说她那时就憧憬着这样的婚姻生活。

释放自己的童心，在婚姻里多些欢笑，少些争吵，别把冷战和赌气当成习惯，不如多找些有意思的、专属你们的办法，去化解不良情绪。幽默感是应变的智慧，也是宽容的表现，等你懂得了幽默，会拿幽默来解决问题，你和你的另一半都会很喜欢这样的相处方式。

我们也要注意，幽默不要生硬，不要在他/她生气、闹别扭的时候非要去搞笑，让他/她更加烦躁，甚至被激怒。幽默更不是刻薄，有些人自以为有趣的俏皮话实际上在别人听起来很恶毒，也许对你来说，只是无心之过的一句话，但是对方可能已经因此受了伤。

雏菊女士对自己的形容就是：大大咧咧不拘小节，心直口快，但没有坏心眼。她跟丈夫分居半年，就因为她一句无心的话。

公公去世后婆婆又找了一位老伴，丈夫本来就很不满意，老两口出去旅游，航班是半夜抵达的，他只好开车去接。接到二位老人之后，丈夫一路上也不说话。雏菊女士为了缓和气氛就东拉西扯，说些笑话，婆婆说到去西湖月老祠，抄了对联，雏菊女士就说："那您二老也是有情人终成眷属了。"老两口哈哈一笑，事情就过去了。

丈夫回到家，关了房门，劈头盖脸就是一顿骂："他们算什么有情人，他们有情我爸爸算什么！"他气得连眼泪都出来了。

雏菊完全晕了，不知道为什么这么一句话就惹翻了他，怎么道歉都不行，最后她也生气了："不就一句笑话吗？你这么计较，烦死了，简直不是男人。”

他们分居、冷战了大半年，本来想要孩子的计划也无限推迟了。现在两个人都在努力地修复关系，彼此都觉得很陌生。那句话谁也不再提。

母亲再婚，是一件令她的丈夫感到十分无奈和压抑的事情，他不希望妈妈再找对象，但又不能不接受现实，他怀念父亲又无处倾诉，他不喜欢自己的继父，但面子上又不能不敷衍。雏菊的一句笑话成了他情绪的导火索，让他彻底爆发。

他发现原来她不是跟自己一样有那么多反抗的情绪，原来她还挺轻松地接受了这件事情，甚至拿来开玩笑，这样的态度才是让他情绪失控的原因。

所以，你的笑话，他/她都喜欢吗？是不是你以为对方很喜欢，实际人家只是不忍伤害你的好意？是不是你觉得自己很幽默，别人却因此受伤了？

不过想要调节气氛的时候也要注意，关于父母、对方亲人、初恋、曾经暗恋的对象，以及一切你已经知道在他/她心中地位特殊不能侵犯的人和事，说话开玩笑时要绕行。

同时要小心一些口头禅，也许你觉得“猪头”、“屁话”这些都没什么，可能对方很在乎。同样，一个男人把粗话当成口头禅，自认为很幽默很有男子汉气概，如果你不喜欢，最好提醒他别在你面前来这一套。

在相处中多积累那些给你带来快乐的小事、温暖的短信，把它们记在一个本子上，积累起来，将来会成为你们家珍贵的历史文献。还要记得随时更新你的笑话系统，记得随时发现一些新鲜的笑料去跟他/她分享，一个笑话如果对同一个人讲上十次，再好笑也让人笑不出了。

林语堂先生首先翻译出“幽默”这个词，并强调幽默是无声的、低调的有趣，笑得有格调，有回味，这才叫幽默。但在网络时代，伴侣间的相处多一些疯狂爆笑的猛料，也不是坏事。让你们之间的开心事成为两个人特有的典故，这些暗号只有你们能听懂，两人世界的亲密联系，靠着这些小事会变得更加紧密。

婚前算清楚，
婚后过明白

4 相处模式的建立和改善

两个人恋爱的时候，关系无比单纯，很容易建立起感情的交流和精神的默契。但这是否意味着相处模式也是健康的呢?

考验彼此关系是否足够健康和强壮，最好的办法就是尽快面对现实。生活中各种繁杂琐屑的小事，就会让我们清楚地看到彼此关系的所有弱点，以及我们自身的种种不足。

大多数人选择了争吵、哭泣、决裂再复合或者决裂就不再复合的办法，简单粗暴地对待自己的感情关系，因为现实让原本的单纯破灭，让我们本来以为爱情是糖果，却吃出了难言的苦涩。

请好好思考你们的相处模式，是否需要弥补，调整，甚至打碎了重建?

发现问题并不可怕，可怕的是陷入痛苦的死循环，却不能重启。可怕的是对婚姻绝望，对异性丧失信心，从此变得偏激颓废，失去了创造幸福的能力。

伴侣是你的镜子，跳好这场双人舞

总有人把情感关系看成一团乱麻，随着彼此间关系的深入，事情变得越来越复杂，很难理清。但一切事物都有起因，回到事件的起点才能看清问题所在。

一般来说，大家选择对象时提出的条件有这么几种：

1. 我要找个性格跟我差不多的。大家有默契，想什么都能想到一起去。

2. 我要找个性格跟我互补的。大家取长补短，互相照应，他心粗我心细，我没主意他有主见，正好一对。

3. 我要找个各方面都比我强的。我可以小鸟依人，他可以做个大男人，或者他可以引导我继续成长。

总之，“我”就是一个择偶标尺，在恋爱和相处中，“我”的感受和判断，也往往大于一切。

这里会有一个问题出现：是不是所有的恋爱，都是一场自恋呢？又有多少婚恋关系，毁于我们的自恋呢？

三种不同的选择，都会有随之而来的问题：

个性相仿的人，赌起气来，都在等着对方退让，自己不肯松口，心里想的是，明明你最了解我了，知道我需要的只是几句好话而已。两个人都这么想时，就会陷入僵局。

性格互补的人，对同一件事情的看法往往南辕北辙。孝顺顾家的乖乖女，不能理解独生子的自私霸道，独立性很强的大男人，也会讨厌太过黏人的小女生。

其中一方各方面都比另一个强，容易出的问题是一方越来越自大，另一方越来越自卑，暴躁和压抑的心态会让彼此间的关系失去平衡。

我们要做的每种选择，都不是万全之策，当我们的选择落到某个具体的人身上，一切可以想到的优点和缺点，以及想不到的问题和矛盾，都会发生。这原本就是人际关系的常态，并不会因为我们有多相爱而变得特别。同样，我们的感情关系也不会因为问题的出现而变得特别，但会因为我们的解决方式变得与众不同，成为专属自己的经验和收获。

我们是跟另一个人结婚，而不是跟自己结婚。婚姻中双方对于彼此的尊重和包容是非常重要的。婚姻是配合默契的双人舞，而不是一意孤行的独角戏。

蔷薇和小丁是一对80后小夫妻，甜蜜恋爱一年后结婚，却在不到三个月的时间里就离了婚。双方反目成仇，都认为自己受了天大的委屈。

我们是跟另一个人结婚，而不是跟自己结婚。婚姻中双方对于彼此的尊重和包容是非常重要的。婚姻是配合默契的双人舞，而不是一意孤行的独角戏。

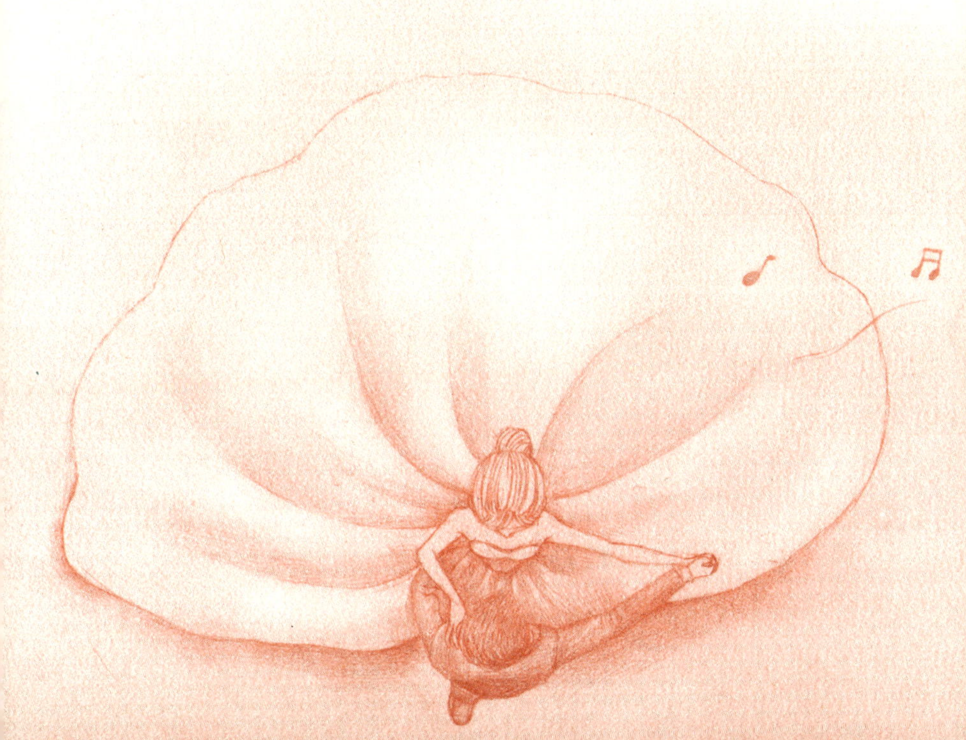

蔷薇对小丁的抱怨是，他是典型的大男子主义者，什么家务都不会做。结婚之前我也不会做家务，但我愿意学，但他还是不断挑剔我——真是岂有此理，我在家里娇生惯养，父母从来没有让我擦过地洗过碗，这么伺候他还不满意，动不动就给我脸色看，让我当家当然一切都得听我的，难道说我一边当苦力，一边还得受他的气？我又不是他的奴隶！

而小丁抱怨蔷薇的是，啰唆，唠叨，喜怒无常，做个饭洗个衣服就跟要了她的命似的，我妈都干了一辈子怎么就没她那么多事？饭菜做得难吃还不让人说，动不动就吵架，我说到外面吃她还跟我发火，说我也不看看自己赚多少钱，嫌我穷倒是别嫁给我呀？

这对小夫妻习惯了以自我为中心，考虑事情只从自己的角度出发，对于生活中的琐事，不懂得跟对方好好沟通，而是希望问题都能按照自己的想法来解决。

如果说婚姻是一场舞蹈，那么在同一个节奏中，两个舞伴踩着各自的拍子是跳不好的，而且会互相磕碰，造成伤害。

对蔷薇来说，她需要想一些更好的办法来沟通，而不是仅仅去发泄、抱怨、责备。对小丁来说，他应该意识到家务活是彼此的责任，需要帮助妻子分担，多给妻子一些鼓励和肯定，来帮助她适应从娇娇女到主妇的转变，自己也不能继续当着家里的小皇帝，由妈妈照顾转变为妻子照顾，心安理得坐享其成。

为什么说恋爱容易结婚难？因为很多人的恋爱实质是一场自

恋，恋爱是为了满足自己，表达自己，以自己的感受为中心。在热恋期，双方都把对爱的表达放在第一位时，浪漫，激情，各种美好的情节会不断上演，其中的付出和奉献并不让人为难。但进入婚姻或者稳定的同居关系后，琐事会直接把伴侣推入一场利益争夺战中，往往是对一桩桩小事的斤斤计较，令原本山盟海誓的情侣大动肝火。

争吵风暴的中心通常只有一个：为什么你不能听我的，而非要坚持你的？！

这时，自恋者的问题就会尤其突出。一个习惯以自我为中心的人，是完全不会为别人着想的，在他/她的心中，只会不断放大自己的感受，专注于自己付出了多少，又受到了多少伤害。

如果能够克服“以自我为中心”的问题，大部分的情感矛盾都将迎刃而解，婚姻是两个人过同一种生活，互相尊重，为对方着想，己所不欲，勿施于人，才能保证和睦相处。

很多自恋者会在此时跳出来为自己争辩：我怎么就不为对方考虑了，我全心全意都是为了这个家，我含辛茹苦，付出了一切，为什么得不到回报？

其实，为了感情关系而丧失自我，彻底把自己牺牲掉，时刻以“大公无私”的“受害者”自居，实际上是另一种自恋，那就是我不管你们有什么想法和要求，反正我已经把自己牺牲掉了，已经没有了自己的生活，全心全意安排家里的一切，就为了讨好你们。当然，这不是无偿的，我要换回对你们的控制权，如果谁敢稍有反抗，有不同的意见，那么谁就是伤害我的白眼狼！谁就是迫害我的人！

这样的自恋者迷恋于“受害者”的身份，不肯轻易放开，他/她们要制造出强烈的负罪感来控制对方，好让感情关系能继续下去。

只是他们不会知道，在自恋者控制下的家庭中，每个家庭成员的心态都是压抑不平的，一旦爆发出来，就是分崩离析之时。

你是感情关系中的“受害者”吗？你总在抱怨自己吃了很大的亏，付出了很多，计较得到的回报不成比例吗？你在一边牢牢地抓住“受害者”的身份不放，一边又绝对不肯离开对方吗？如此的纠结矛盾，让你更加受伤，更加坚定了“受害”的身份吗？

“我是受害者”，是最能破坏相处关系的一种状态，如果伴侣之间的相处让你感受到了伤害，那么一定要开诚布公地说出真实感受，看看如何去努力改变，如果无法改变，那就和平分手，寻找更适合自己的伴侣和更健康的感情关系。

一段感情中最失败的不是分手、离婚，而是在相处中充满了绝望、痛苦、悲伤、抑郁的负面情绪，让两个本来是在追求幸福的人，变成了一对怨偶。

如果在伴侣的身上，你看到的只是一个怨毒、愤恨、牢骚满腹的自己，那么，你是否也应该反省一下，这样的关系，到底问题出在了什么地方？是否你也需要摸摸自己的额头，把上面贴的那张“受害者”的标签撕下来扔掉呢？

判断自己的相处模式是否有问题，请观察自己和伴侣的状态，如果大家长时间有着不健康的情绪问题，那么，就应该反思你们这场双人舞，是否跳错了舞步。

在相处模式中，有如下几种情绪问题值得注意：

焦虑不安

一对困于焦虑中的伴侣往往因为内在或是外在的压力很大，却没有很好的解压方式，双方也不懂得互相关怀、相互分担和开导对方。

其实，对于年轻的伴侣来说，为生活打拼，为事业、学业奋斗是常态，此时需要的是互相鼓励，多一些安慰和包容，多说一些“不要怕，我们在一起就已经很好”、“我相信一切都会好起来的”、“现在已经比过去好很多了”之类的话，会有效地缓和气氛，安抚对方焦虑的心情。

愤怒暴躁

当一方情绪失控的时候，另一方要做的绝不应该是对着干，让愤怒升级，而是要么劝解对方，要么先暂时避开，让他/她冷静一下。

“我最讨厌他/她不说话”，“他/她如果走了我更生气”，“不理我我就要摔东西”……这些问题是否存在于你的身上？还是你的另一半有类似的情形？到底是什么引发了对方的狂躁，还是他/她原本就是一个情绪不稳定的人？

习惯使用情绪暴力的人，往往内心是最缺乏安全感的，但这不应该是用来恐吓、要挟伴侣的理由。找一些舒缓身心的运动来调整自己，消除这种动辄失控的脾气，是对自己和伴侣都有好处的做法。

如果两个人对着大吼大叫，觉得尽情宣泄了情绪，吵完就没事了这样的相处模式也很好的话，请考虑以后你们的孩子，是否会跟你们一样，认为这种相互发泄怒火的沟通方式是健康的呢？

悲伤抑郁

紫菀作为一名“文艺女青年”，多愁善感。她对几任恋人的做法都是不断地考验、暗示，稍有不如意便会认定“你不爱我，你爱我就一定会知道我想要什么，啊，真可悲，我爱着不爱我的人，我又不能逃脱爱情的掌握……”

男朋友们通常都由最初的热情体贴，到后来小心翼翼，生怕哪里得罪了她，接着开始厌倦、冷淡、疏远。这时紫菀又会觉得，“我简直悲惨透了，分手对我来说就是世界末日”。

在她的世界里，总是阴天多云，要么就是大雷雨，偶尔有晴朗的时候，也很快就会被忧郁赶走。

对于敏感忧郁的另一半，我们应该多做一些积极的事情鼓舞他/她，既不必什么时候都去顺从、迎合，也不必手足无措，只想逃避。其实，当一个人逐渐成熟，承担起更多的生活责任时，也应该学着用积极乐观的心态面对人生，面对自己的感情经历，这是每个人都要学着去做的，让忧郁青年们明白别人不能为你的情绪负责这个道理，他们的文艺性抑郁就会得到控制了。

恐惧紧张

你非常害怕你的另一半吗？到底他/她做了什么令你害怕？还是一想到失去这段关系你就会颤抖，觉得人生简直没有办法过下去了？

造成此种情绪的往往是殴打、恐吓之类的家庭暴力和视对方如透明的冷暴力，这些都是令感情关系迅速发展成变态模式的直接原因，解决暴力的唯一办法就是远离这个人，结束这段关系。因为如果任其发展下去，会让弱势的一方逆来顺受，以为身处恐惧是人生的常态，而另一方占据了施虐的位置，会以暴力对待家庭成员为乐事。

如果你的交往对象是一个暴力分子，无论对方有何种优点，请不要拿自己的安全和幸福开玩笑，尽快结束这段关系才是好的选择。

在国外，对于家暴的社会援助和法律保护已经很细致，在国内，已有新闻称对家庭暴力的立法于 2011 年年底完成。而无论法律如何发达，我们必须要有保护自己的能力和意识，这才是对自己负责的态度。

恐惧紧张的另一种心态是害怕失去，过度依赖现有的感情关系，全部生活都以这段关系为中心，这种不独立的姿态，必然要承担更多的风险。

面对现实吧，作为成年人你开始了一段情感关系，可能会走向婚姻，也可能不，结婚后可能幸福美满地生活下去，也可能遇到一些意外，令你的婚姻关系终止，这是我们必须承担的风险，没有什么可担忧和害怕的。

杞人忧天中的主角，每天都为了天会不会塌下来而忧心忡忡，担惊受怕，天还没有塌下来自己反而因为坏心情而缩短了寿命。同样，那种"我好怕他/她变心"、"我们会不会离婚"、"万一我死了，或者他/她死了……"之类的担心，会让你不但对前途更没有信心，而且不能很好地享受眼前的美好和甜蜜。

经常有人在反省婚姻时，把注意力落到林林总总的琐事上去，看起来好像这些琐事一件件都按照他/她的想法去做，就算是好的相处了，就可以换来幸福和快乐了。但事实上，在一场双人舞中，两个舞者都要有发言权，都要对自己的婚姻和与对方的相处作出思考和判断，到底在相处中，主要的心态是什么样的，是心满意足，高高兴兴的，还是以上的四种负面情绪占据了主流？

不应该是这样，也不必是这样，行为模式可以改善，可以调整，也可以打破，重新建立起秩序，这关键在于彼此的观念和行动，是否能积极地去做，而不是消极地持续。

问题是，你有这样的决心吗？

你愿意深入思考自己对于婚恋的想法，愿意去深入了解对方，愿意在这基础之上，再去改造你的感情关系吗？

如果你已经认清了你的感情关系不可挽救，纯粹是靠着习惯和互相依赖勉强行进，如果这段关系已经让你厌恶和痛恨自己，反感对方，那么，你是否有勇气离开？

不要让父母的相处模式影响了你

很多人在争吵后会发出这样的感慨：人生嘛，总会有喜有悲，我们吵架当然很伤心，不过也有好的时候……所以啊，就这么凑合着过吧！

我们可以一起来看一个心理学的试验，小白鼠在打开笼门时总是尝试逃走，但这时就会遭到电击，多次重复之后，小白鼠已经形成了“逃跑就会被电击”的意识，那么，等再打开笼门，即使没有电击，小白鼠也不会轻易逃走，而是木然地等待被电击的命运。

这就是“习得性无助”，当一种行为模式在我们的脑海中固定了下来，认为不可改变，或者认为改变就要付出更大的痛苦作为代价，那么此时这种模式就真的不可改变了。

很多把婚恋关系搞得一团糟的人，其实是从父母并不融洽的相处模式中，接收了很多负面的信息：

粗暴专横的父亲，逆来顺受的母亲，或者是敏感焦虑的母亲，冷漠粗心的父亲，这样的相处模式在夫妻之间早已习以为常，谈不上幸福，但对痛苦早已麻木，“凑合着过吧”，于是耗费了一生也不知道真正幸福的婚姻关系是何等滋味。

在这样的家庭中长大的人，痛恨这样的相处，也害怕自己会变成这个样子，但结果呢？很遗憾，有的人一直不能克服心理障碍，迟迟不敢走进婚姻，而有的人则是重复了父母的悲剧，也开始不自觉地扮演其中的角色：冷漠、粗暴、神经质、悲伤、易怒……而他们也只好重复了当时父母的理由：“凑合着过吧，反正结婚就是这样的……”

这是另一种形式的“习得性无助”，当我们一次次左冲右突，却在坏习惯中越陷越深，当我们期望着改变，却不断失望、受伤，那么，我们是否会就此变得麻木，习惯了有问题的相处，用“过日子都是这样”来欺骗自己，压抑心中的渴望，放弃了对幸福的追求？

希望我们每个人都不要做笼子里的小白鼠，我们应该意识到自己是一个独立的成年人，可以面对现实，可以清醒地思考，也可以付诸行动，去把握我们本该享有的幸福。

辩解永远比行动来得容易，正如同对于婚姻问题，倾诉比解决来得容易一样。

但这些理由的背后，仍然有一个问题是你需要面对的，那就是，你这一生，是否还想做一个幸福的人？

如果你说，我能凑合，能忍，能将就，那么，请问你是否愿意自己的孩子也生活在一个忍受、凑合和将就的家庭里？在一个父母相处模式有问题，家庭气氛压抑、暴力，或者是抑郁、消极的环境里，培养出来的孩子，是否有健全的人格和乐观的心态？

石竹的父母都是脾气火暴的人，意见稍稍不合两个人就吵得不可开交，生性敏感的石竹对这一点非常反感，但是无论是流泪哀求，还是厌烦地说“你们离婚算了”，都无法改变父母的行为。他们认为家家都有本难念的经，勺子碰锅沿是常有的事，大人的事情小孩子不要管，好好念书就行了。

于是，石竹从小到大时不时就要面对父母之间的争吵，骂脏话，摔东西，砸杯子，甚至动起手来殴打对方的情景，而事后他们又假装这些事情没发生过，照样在孩子面前摆出另外的面孔：我们是五好家庭，有这么好的条件你要知足，做个开心的小孩。

这样的反差让石竹从小就感到痛苦，她十分困惑，生活就是这样的吗？男人和女人的关系就是这样的吗？如果是这么可怕和丑陋，为什么还要结婚？还要生活在一起呢？

在大学里石竹受到了很多男生的追求，她开始了初恋，男朋友对她无微不至地呵护，而石竹却露出了令大家都不敢相信的一面：只因为他给她买早饭晚了一点，石竹就把早饭摔在地上，又因为他在她的追问下，说了跟前女友的一些事，石竹又开始哭闹，彻夜不睡，他一次次打电话又一次次被她按掉。

男朋友流着眼泪问她：“你就不能对我温柔一点吗？”石竹说：“我的脾气就是这样，不知道什么叫温柔。”

跟男朋友分手之后，石竹毕业并参加了工作，第二任男朋友是以一副“得不到你我就要去死”的姿态登场的。石竹觉得，一个男人爱她爱到了要自杀的地步，应该就是真爱了，于是两个人开始了同居生活。然而同居生活中充满了无休止的争吵，两人总是为了一点点小事就破口大骂，骂战越来越升级，隔几天之后，再重复一次。

石竹觉得自己就在扮演母亲的角色：挑剔、斤斤计较、得理不饶人，男友扮演的是父亲的角色：粗心、小气、自以为是。她经常问自己：为什么当年自己最痛恨这样的生活，如今却仍然陷入其中呢？

石竹和男朋友磕磕碰碰地同居了一年，开始谈婚论嫁，但石竹觉得最好不要结婚，更不要生孩子，她失败的人生，就是见证。

家庭对人的影响是异常深刻的，而父母的性格脾气，也会跟他们的基因一样，在我们的身上留下不能磨灭的痕迹。但是不是说，因为父母的婚姻不幸，我们也要延续他们的命运，成为一个婚恋关系中的失败者呢？

当然不是。这就如同很多伟人出身于贫寒的家庭，而他们照样会奋发图强，成就自己的人生一样——我们需要走自己的路，一条不同于父母的、只属于我们自己的人生之路。

有很多人终其一生都没有长大，在成年人的外表下，始终是一个“被吓坏了的小孩”。在婚姻失败的家庭中，他们由父母的争吵，看到男女关系中最坏的一面，对两性关系的感受就是可怕、悲惨、痛苦等负面的东西，形成心灵深处一个巨大的阴影。

如果这个“复制”的程序成立的话，那岂不是每一代人，都要背负这个阴影生活在支离破碎的婚姻关系中呢？

不幸并不会遗传，因为我们对幸福的追求是与生俱来的。

我们天生渴望着爱，渴望着温暖和关怀，渴望有一段充满了爱和阳光的家庭关系。追求幸福和美好的天性，会推动我们去打破“复制”不幸的程序，让我们更加努力地去争取属于自己的幸福。

很多人坚持陷入“复制”程序的原因，是他们已经被扭曲了天性，相信的不是美好和光明，而是绝望和黑暗。当你坚信自己永远也不会幸福，永远不配得到幸福的时候，那么，不管你作出了多少成就，付出了多少努力，你仍然是一个不幸的人。因为是你坚持要这样做，坚持这样对待自己和生活。

每个人的生命只有一次，为什么要去复制一个糟糕的程序，而不是自己去亲手创造一段美好的关系呢？

如果你的父母婚姻关系不那么好，最好能客观地反思他们之间存在的问题，找到他们之间不能好好相处的原因；用父母的行为来观照自己，看看自己的身上是否也有类似的情况，他们是否影响了自己的婚恋态度；要坚持“我可以做好”、“我会得到幸福”的想法，积极地面对问题和解决问题，而不是消极沮丧地对待生活。

同样，你也可以通过对真正幸福美满家庭的观察，来了解他们的相处模式，从中总结出自己可以学习的部分。

破碎的家庭的确是不幸的，但耽于痛苦，重复着哭喊“我好可怜”、“我简直是世界上最倒霉的人”，这对你的生活有害无益。对于别人的幸福满心羡慕，在一些琐事中得到“别人家多么好，我怎么就这么不好”的结论，从而加深内心的自卑和愤怒，这样也会妨碍你找到自己的幸福。

父母的行为曾在你的心底留下深刻的印记，成年后的你，已经有能力重新看待这种伤害，将之当成一种经验，来帮助自己更勇敢，也更积极地去生活。

面对琐事，由浪漫回归现实

薰衣草小姐有着浪漫的名字和同样浪漫的个性，这样的她，对于另一半的要求是什么呢？

当然，浪漫是第一位的了。

携手在雨里散步很浪漫，上班时收到花朵很浪漫，在大街上拥吻很浪漫，在豪华的五星级饭店里吃一顿大餐很浪漫，哎，影视剧里那么多浪漫的情节，真是数都数不过来。

薰衣草小姐选男朋友很看重感觉：头发卷卷的好可爱，手指细长让人动心，会打篮球、浑身散发着汗水的阳光味道，这是我的菜，个子高高的又不爱笑实在是太酷了，穿一身名牌套装的男人优雅又诱惑……

很快她就遭到现实的重击：帅哥清新气质的背后原来是臭袜子、脏床单，彻夜不睡玩游戏，同时还跟别的女生搞暧昧；酷男熟了之后发现他满嘴黄段子，脾气暴躁，动不动就骂脏话；会打篮球的阳光男生唯一出色的也只是打篮球，其他事情都要听妈妈的；穿一身名牌套装的男人，把钱都花在打扮上，赚五千花一万，丝毫不为将来打算。

等她好不容易降低了对“一见钟情”的标准，找了一位中等个头的眼镜男，之后的相处又让她头痛：送礼物不会送香水、鲜花和化妆品，送了一只高压锅说让我煲汤用。雨天知道送伞不是很浪漫吗？他竟然带了两把伞，我们一人一把——为什么不能搂着我走呢？跟他抱怨说 PPT 不会做，不过是撒娇而已，他找来厚厚的一本办公软件书让我学习，真笨，就不会直接做好一个发给我？这点小事对他来说不是很容易吗？

薰衣草小姐最讨厌的还有，男朋友从来不说一些甜蜜的话给她，比如赞美她的新发型啦，比如在她半夜睡不着的时候能回她一条短信啦。但是，在她理智的判断下，她又知道现在的男朋友有很多很多优点，比如忠诚、稳重、勤奋自律，对未来很有规划。

薰衣草小姐最终还是放弃了这段感情，她认为人生大事必须要坚持自己的原则，一定要找个符合自己浪漫口味的男人陪伴终生，才能得到幸福。

有人替她不值，说这个人已经样样都好，为什么轻易放弃了？也有人说她幼稚，浪漫不能当饭吃，再说你之前找的那些浪漫的爱情，还不是一样没有下文？也有人为她鼓掌，要坚持自己的原则才是对的，管别人怎么说呢！也有人为她担忧，眼看已经二十七岁还敢分手，那结婚会不会拖到三十岁之后呢？

薰衣草小姐面对的问题，其实所有的情侣都会遇到：当最初的心动逐渐冷却，我们如何从甜蜜的恋爱回到现实坚硬的地面上来。

人生充满了琐事，我们获得幸福的途径往往是在琐碎的事情中去发现，去寻找，保持着乐观的心态，让自己能够在琐事中游刃有余。而很多人要么渴望任何事情都由别人安排好了，捧到自己的眼前，要么希望天下的事情都顺着自己的心意，想到什么马上就能做成什么。

以“浪漫”为人生第一原则的人，他们并不是反感琐事本身，而是希望每件事情都要美好如童话，最好这童话还是自己写的，比如说自己有一天很希望爱人送给自己一束鲜花，那么最好爱人真的心有灵犀，捧着花在下班的路上等她，花朵又一定是自己最喜欢的粉红色玫瑰，而不是“艳俗”的大红色。

其实，对生活有着美好而热烈的向往，这并没有错，但是把自己的幻想跟现实混淆起来，以此作为衡量爱人行动的标准，就过于主观了，加上不考虑对方的想法和实际的情况，就会成为苛求。

如果薰衣草愿意看到伴侣为她所做事情的另一面：送一个高压锅，自己可以经常煲一些营养的汤滋补身体，这是不是也是一个贴心的举动呢？下雨天男朋友赶过来送伞，无论是不是非要挤在一把伞下，不都已经是很温暖的关怀吗？PPT 花点时间学会了，之后就不会每逢一个项目都要去求人，难道不应该值得高兴吗？

为什么一定要按照影视剧里的桥段来生活，才叫浪漫呢？

爱情与现实并不冲突，而谈情说爱的美妙之处，落到现实的每个细节中，才会焕发出更多美好。

一日三餐，有人做得愁眉苦脸，牢骚满腹，也有人做得兴高采烈，花样翻新，完全就在于你是否肯享受这件事，把你的付出当成“牺牲”，还是“为了幸福所作的努力”。

而享受爱人做的饭菜时，有人不但不帮手，还要挑剔批评，不是说难吃就是不合口味；也有人愿意饭前帮忙洗菜，饭后洗碗，无论饭菜到底是不是真的好吃，都跟对方说声辛苦。

也会有这样的人，满口甜言蜜语，哄得对方什么都为自己做，把家里一切的琐事都推到对方的身上，自己坐享其成，还高兴地宣扬自己的经验：让能者多劳，只要多给几句好话就行了。也会有这样的人，烧饭煮菜是不行，但是每天勤劳地打扫收拾，让家里一尘不染，每件衣服都熨平收好，那么，他/她也没有什么理由要承担“连个饭都不会做”的指责。

还会有这样的人，包揽了所有的琐事，只为求得爱人的认可，炫耀自己的付出，我为了你做了这么多，你可要领情啊，你可要感恩啊，你可千万不能惹我不高兴啊。也会有这样的人，对每件琐事都能夸夸其谈，说出自己的一通大道理，但真的要他/她做一点点事情，他/她不但会把事情做得乱七八糟，而且还会怨气冲天，认为这些事情根本不应该拿来麻烦自己……

其实，我们都知道最理想的状况是什么：相亲相爱的伴侣，齐心协力来做好这些细微的事情，互相鼓励，不断学习，一起来打造一个整洁、美好的家。这也就如同两个人相濡以沫，一点一滴地积累起属于自己的婚姻，这些琐碎的事，最终会以幸福的形式，照亮你的回忆，让我们在老去的时候，仍然觉得感动、满足，觉得一生并未虚度。

好心情，坏心情

有着愉快心情的情侣，看到的都是对方身上最好的一面，即使稍稍有点小过失也会成为甜蜜的回忆。而一对怀揣着糟糕心情的情侣，任何一点小事都会成为导火索，开始是冷嘲热讽、挖苦讥笑、互相攻击，最后上升到不分手不足以惩罚对方的地步。

理性的作用就在于此，当我们被情绪困扰时，需要用理智来调节。我们需要时刻调整自己的心情，低落的时候给自己一些积极的暗示，让自己振奋起来，太兴奋的时候也要提醒自己，千万别得意忘形。

而两个人在一起，情况就会变得微妙复杂：相爱的人会把好心情发挥到极致，在热恋的人眼里，两个人在一起就是天堂。不管条件有多简陋，处境有多艰苦，相爱大过一切，可以为对方做任何事情，不但不嫌麻烦，反而会更觉甜蜜。而同样一对相爱的人，如果任由坏心情的发泄，就会让生活变成活生生的地狱。暴力和冷暴力分子的家庭，不是怒吼哀叫、流血流泪，就是冰冷沉默得跟死亡一样，没有一点生气。两个悲观的人相互诉苦，埋怨对方，把彼此说得一无是处，气氛压抑得让人透不过气来。

当一个人心情好，而另一个人正处在情绪的火山口上时，后者往往就要拿前者来当出气筒，看对方什么都不顺眼，希望能大吵一架，把自己胸中的闷气发泄出去。他们还有足够的理由：自家人嘛，我干吗要隐瞒自己？吵个架不就过去了，没什么大不了的。

他们没有想到的是，伴侣原本的好心情被瞬间毁灭，由此带来的坏心情会让这个互相发泄的相处模式，继续向着更坏的方向发展。

太阳花是个活泼开朗的姑娘，却交往过一个坏脾气的男友，这个人对她的追求犹如狂风暴雨，恨不得每天都出现在她的面前，为她制造惊喜。但等确定了恋爱关系，太阳花发现了他的另一面。

男朋友是个心事重重的人，很多事情不想告诉她，只是一个人生闷气。太阳花主动问他，只会招来他的脾气："问那么多干什么？你懂什么呀？管好你自己就行了。"

但是，他的阴郁、多疑，让太阳花渐渐不敢靠近他，相处变得如履薄冰、小心翼翼。"我都不知道哪句话会惹到他，也不知道他心里到底想些什么，经常忽然就不说话了，我怎么逗他都不行，还嫌我烦。"

而男朋友想的则是："人生烦恼的事情太多了，让她保持自己的单纯快乐就好了，我的苦恼由我自己来扛。"

太阳花和男朋友还是遗憾地分手了，她承认男朋友对她的好，工资卡交给她保管，平时一些家务都抢着干，但她实在不想生活在一个不知道什么时候就会阴天并且大雨瓢泼的世界里，她希望爱人跟她分享心事，也希望自己的快乐能带给对方一些积极的感受，让他也跟着开心起来。

也有这样的伴侣，太急于分享自己的心情，自己开心，对方就要跟着开心，自己不开心，对方也不许露出高兴的神色。这样的态度一样会把另一半逼上绝路，让他/她觉得这是爱的绑架，毫无道理可言。

很多夫妻分手，是情绪的一时冲动，但冲动的背后，已经累积了很多的不愉快，这些不愉快其实也不值什么，但日积月累，就会成为压倒骆驼的最后一根稻草。

让相处变得愉快，积极的情绪很重要，这也是为什么我们把“幽默感”列进婚姻六大要素的原因之一。

学会放开自己的心情，多去关怀彼此的感受，让相处的日子里，经常保持着晴天，并把晴天的记忆保留下来，在雨天的时候，拿出来温暖对方，这样会让两个人的相处变得更有弹性，既能包容坏心情，也能享受好心情。

茉莉结婚四年，还是一副大学女生的样子，她跟先生在大学的最后一年认识，本来以为毕业季恋情最危险，但他们还是顺利地恋爱结婚，一起贷款买房，在大学附近开始了小夫妻的生活。

“我们约好了吵架的话不能大声嚷，吵架的问题不能过夜，一定要当天就想出解决的办法，哪怕不好也要有个办法，等到第二天也许就能想出更好的，但是大家的气就过去了。”茉莉透露两个人的小秘诀。

“有一次茉莉刚领到工资就丢了，她找到我的时候又着急又伤心。我当时一听真的很生气，因为大家那时候都很缺钱，这点钱是重要的生活费，可是看着她那样的表情，我只好硬起头皮说：‘不怕，有我呢，你别难过，丢了钱不怕，没丢人就好……’茉莉就又哭又笑起来……”茉莉的先生回忆起这件事，嘴角还是带着笑意，虽然他们因此吃了一个月的方便面。

“他也有不开心的时候，中间换工作，有三个月的时间都闲在家，他很害怕也很烦，我就一会儿请他帮忙翻译点资料，一会儿约他去郊外旅游，我说这段时间你能有空真是太好了，要不然只有等我们老了才有空出来看风景了。”茉莉温柔的安慰，让先生度过了工作的失意期，换来了一份更好的工作。

茉莉怀孕初期，变得非常暴躁，先生逆来顺受，照样给她买好吃的东西，给她找一些喜剧片来看。“孕妇体内激素的变化会影响情绪，这我早就知道了，怀孕多辛苦呀，我一定要更好地对她。”先生说。

茉莉希望自己的孩子能有先生这样的好品质，能为生活打拼，又懂得体谅自己的爱人。先生希望孩子能跟妈妈一样，善解人意，同甘共苦，有生活情趣又不爱慕虚荣，重视的是两个人是否真正开心。

日本女星山口百惠幸福生活的秘诀是，跟先生约定好轮流做天使，当争吵发生的时候，天使就要容忍对方，让争吵刹车，等心平气和时再来讨论。天使也会很累，所以要轮流做，而不是只让某个人来扮演天使。

她二十三岁时嫁给爱人三浦友和，美满的婚姻已经迈过了三十年的门槛。任凭媒体怎么猜疑、预测，他们还是牢牢握住彼此的手，不肯放开。

请学会包容爱人的坏心情，学会打开心扉，与你的伴侣分享美好的感受，让你们的生活轻松又阳光，随时都会露出会心的微笑。请把你的好心情变成爱的动力，让愉快的气氛在身边流动，让你的爱人也能感染到你的快乐和甜美。

请不要吝啬关怀，不要只盯住自己的心事而不管另一半的感受。请不要总是委屈抱怨，总把责任都推到对方身上。

请多一些创造，让你们之间的好心情越来越多，生活中好玩的小细节，让你们两个人都觉得爆笑无比。请多一些坚持，千万不要因为一时的情绪冲动，就做出令自己后悔莫及的蠢事。

坏心情终会过去，而跟相爱的人在一起，每天都会有好心情。

保持独立的空间

茶梅实在不能理解为什么男朋友要离她而去。“说我太黏人，天哪！男女相爱难道不应该待在一起吗？平时大家都忙着上班，回家后不应该拥抱在一起，坐在沙发上看看电视？聚会不应该成双成对地出现？周末不应该一起出去吃饭逛街？”

茶梅的男朋友觉得分手后连空气都清新了很多，“茶梅很好啊，又漂亮又贤惠，什么都好，可是她不让你一个人待着，干什么都不行，我要看会儿书她就问看的是什么书，玩会儿游戏她就要跟着学，我熬夜看世界杯她就要跟着我熬夜，让我给解说这些比赛到底是怎么回事……我受不了！”

茶梅的第二任男朋友也开始疏远她：“小鸟依人是不错，可是一直都赖在你身上那就太难受了，我的电话她都要查，还问我的信箱和聊天工具的密码，我这边正在写项目计划书，她那边买了新衣服一定要我给意见……”

很多人误以为感情生活就是合二为一，就是用自己的生活吞没对方的生活，或者以对方生活为中心，完全丧失了自己单身时的独立性。

这两者都会给感情模式增加过多负荷，相爱没有错，要有共处的时间也没有问题，但企图彻底地消灭对方的独立性，或者舍弃自己的独立性，就会带来很多问题。

同居或者结婚，并不是要把单身时的自己消灭掉，强行跟另一个人结合成小团体。而保持个人的独立性，无论单身还是已婚，都非常重要。

生活空间的相对独立也非常重要，我们可以看到美剧中的男女，他们决定同居时都很慎重，等对方搬来时，往往是先腾空两个抽屉来给对方放随身衣物。

是的，这里都是我私人的东西，你的衣物只能放在这两个抽屉里，不能混为一谈。如果一台电脑要两个人使用，一个房间里两个人的物品不分彼此，这固然亲密，但会造成很多的不方便。

樱花的房子不算很大，但她装修出了两种截然不同的风格，客厅和卧室都是温暖明亮的色调，有很多可爱的小摆设，而书房是黑白两色，简洁大方，阳台封闭起来成为一个私密的小空间，里面全部是小女生的各种珍藏。

书房是给先生用的，这样他在下班后有独立的空间用来干自己的事情。他是位设计师，书房就是他的天地，而客厅、卧室和阳台，是樱花的活动空间，非常注重女性的审美和细节的巧思。

空间的区分让樱花和先生过得其乐融融，绝不会因为抢夺电脑和电视遥控器而争吵不休，同样，他们也会到对方的房间里去亲吻自己的伴侣，或者把小礼物放在彼此的电脑桌上或者床头。

有人会对伴侣之间的距离大惊小怪——这样还能叫一家人吗？不管他/她，他/她会不会找别人？会不会变心？其实，人的相互独立并不会妨碍亲密，相反，倒是很容易被过分的亲密窒息。

而背叛往往不是来自于伴侣之间的独立，恰恰是因为情感上依赖性很重。传说中的多情种，比较容易发生出轨和劈腿。

退一万步说，就算这段感情真的破裂，作为一个保持独立的人，仍然可以全身而退，重新开始。而完全依赖婚姻和家庭才能存活的人，却会把这看成是致命的打击。

你是一个独立的人吗？你是不是认为依赖才是天经地义的？你有没有给对方一点自由和独立的空间？你的内心那么缺少自信和安全感吗？非要把对方捆绑在你的身边，对他/她的一切都要加以控制和管理，你才会安心？要知道，即使是犯人也会越狱的。

欢迎你，冲突

如果问一对情侣或者夫妻，他们最害怕的事情是什么？常常能听到很多种答案：吵架、分手、不被理解、出轨、婆媳矛盾……

当爱情来临，我们进入了“似乎一切都是完美的”、“找到这个人我就得到了幸福”的幻觉，两个人好像只靠着情话就可以把日子过下去，琐事都被简化了，注意力只放在“相爱”上面，这样融洽的氛围，让我们觉得争吵不可能发生。

但两个人的差异原本就存在，现实中的问题也一直都在原地等着我们去解决，在生活过程中产生的冲突其实是不可避免的。

大部分的人会认为，冲突跟伤害是画等号的，最好的状态是两个人永远不红脸，永远不吵架，永远平和、愉快地相处下去。

确实，这是一种很理想的状态，也有不少金婚老人、模范夫妻可以做到这一点，但可以想见，漫长的时间里，在同一个屋檐下，一点点冲突和摩擦都没有的感情关系是不存在的，正如人不可能活在真空里一样。

薄荷小姐从小被教育要做个乖小孩，脏话不能说，别说吵架，就是别人吵架也要远远避开，避免惹上是非。她的妈妈超级爱面子，平生从来不肯大声讲话，一直教导女儿要温柔和善，跟她一样彬彬有礼。

确实，薄荷小姐如愿成为了好孩子、模范生，是妈妈和老师们最喜欢的那种小女生，说话细细的甜甜的，总是会把“谢谢、你好、别客气、对不起”挂在嘴边。

薄荷小姐也找到了一位跟她一样斯文有礼的男朋友，两个人在一起总是你推我让，互相为对方着想，这可真是完美的一对呀。

相处了半年后，在一次开车出去玩的路上，前面有辆车别来别去，差点造成追尾，薄荷小姐的男朋友气不过，下车去跟对方理论。

“我可真是吓呆了，从来没见过他的这一面，脖子上的青筋都暴起来了，我好害怕，他回到车里之后我就一直哭，一直哭到我们要去的度假村。”薄荷小姐想起来还是觉得很伤心。

男朋友就更觉得伤心了：“这叫什么事，别人都是会帮着自己人，再说这也不是我们的错，明明就是对方开车有问题，她倒好，一副娇滴滴的大小姐的样子，还要我哄她？！”

这是两个人第一次争吵，薄荷小姐认为不能跟别人吵架，尤其在开车时这么做不但耽误事而且很危险，男朋友则一针见血地指出来她只是害怕丢面子而已，不敢据理力争就是纵容别人欺负自己，懦弱和逃避一直就是她的毛病。

薄荷小姐大哭了一场之后甚至想到了分手，但是，冷静下来的薄荷小姐也不得不承认，男朋友其实更有道理，在她的成长过程中，“乖小孩”的形象是用了无数没有原则的妥协来维持的，而且也留下了许多无法弥补的遗憾。

后来在单位中，薄荷小姐所在的小组内部发生了一点分歧，如果放在平时，薄荷小姐肯定以忍让为先，不敢说出自己的意见，但这一次她鼓起勇气，把自己的想法清楚地说了出来。

出乎意料的是，咄咄逼人的另一方反而因此认真考虑了她的想法，大家重新做了方案。

薄荷小姐正在努力地一点点改掉自己害怕冲突的个性，因为她已经明白，冲突的另一面，是积极的争取和努力。

此前我们不断强调着婚恋双方存在着很多差异，那么，日常生活中的大小冲突，实际是让这些差异明朗化的一个过程。

“人与人是不一样的”，“亚当和夏娃想法肯定有区别”……在很多人那里只是口头说说，内心并没有真正接受和理解跟自己有“差异”的人，他们更容易与人发生冲突，因为他们会理所应当地认为“我当然就是对的”……“我这个样子才是世界的常态”。

“难道吃饭不就应该都是男人买单吗？”“难道女人不应该做所有的家务吗？”“难道男人不应该哄着女朋友，把她当公主吗？”“难道女朋友不应该温柔贤惠，把男人当做天吗？”“难道我不应该孝敬父母，把工资卡交给他们吗？”“难道你不应该以小家为重，把工资卡交给我吗？”……

理直气壮地要求对方，然后发现对方想法跟自己完全不同，就开始大惊小怪，甚至暴跳如雷——是的，大部分的冲突就是这么开始的。

既然我们都同意“人是有差异的”，“相处时应该接受差异，面对现实”，那为什么到了具体的事情上，就如此不能忍受了呢？

如果我们主张的通情达理、为对方着想、客观地对待差异，仅仅停留在口头上，那么，现实里的摩擦就会不断升级，愈演愈烈。

认为不应该有冲突存在的人，想法通常有两种：

要么，认为自己的想法是正确的、完美的，对方的想法是荒谬可笑的，只要及时纠正过来，按照自己的想法去进行就对了。冲突是不必要的，不需要争论，只需要服从。

要么，认为虽然两人想法各有道理，但是既然相爱，就应该懂得忍让，伴侣应该放弃自己的想法，以爱人为重，不然怎么能证明相爱呢？冲突是不必要的，不能争论，只需要妥协。

很显然，这两种想法都是以自己为中心，根本没有把对方当成是一个独立、平等的人。

真正尊重对方，就要平视对方与自己不同的地方，尽量理解对方，不害怕，也不回避因为差异而产生的冲突，而是最后能顺利地从冲突中得出结论，解决最终的问题。

薄荷小姐就是在冲突中看到了自己的弱点，并且也反省了自己的行为，在现实中作了调整。这对她来说，其实是件好事。

如果大家都惧怕冲突，只盯住冲突的负面力量，每次争吵都让情绪发泄到最大程度，痛不欲生，各种攻击和伤害不断升级，吵到最后都忘记了是为什么事情而吵，只记得对方是如何伤害了自己，说了多少难听的话，那么，一次次的冲突就是在自毁长城，让感情关系变得支离破碎，直到最后轰然倒塌。

我们是不是真正理解对方，真正理解对方跟我们的差异，对于差异能否包容客观地对待，在与伴侣发生冲突时，这些问题会得到最好的检验。

理想婚姻，不是一句空洞的口号，在相处模式的建设中，不要害怕冲突，就让该发生的发生，冲突是为了帮助我们成长，更是为了让我们把理想一点点落到实处。

沟通爱，爱沟通

每个人都会说，要作好沟通啊。父母和孩子之间，上司和下属之间，同事与同事之间……更不要说是情侣和夫妻了。

但是，你们的沟通是有效的沟通吗？是不是只要相爱，沟通就完全不成为问题了呢？还是说，你们之间的大部分问题，就发生在沟通上？

沟通作为相处模式中重要的润滑剂，你有让它充分地发挥作用吗？还是说，你们所尝试的沟通反而会大起冲突，让你们觉得沟通根本无效，还不如床头吵架床尾合的老话，大家身体上亲热亲热，就可以把矛盾混过去了。

伴侣之间沟通非常重要，这一点不用怀疑。伴侣关系也跟任何人际关系一样，需要信息顺畅地交流，准确地传达自己的意思，而不是鸡同鸭讲，根本不在一个频道上。

经常有人说，我要沟通他不肯呀，我说了他完全不听呀，我们就是沟通不了。还有人说，我说过多少次了一点用都没有，后来每说一回就吵一架，最后还是老样子。

我们是否因为过度关注沟通的内容、沟通的目的，而忽略了沟通的过程和方法？我们是否认为，反正我把心里的话都说出来了，我就完成了沟通？

女：明天我有个同学聚会，咱们一起去吧，不远，就在单位附近。

男：明天可能不行，因为……

女：（打断）因为什么呀因为！都多少次了，你就是不想跟我去见我同学，人家都跟老公一起去，你鬼鬼祟祟地干什么？咱家穷咱就不见人啦，我还没嫌弃你你还嫌弃我啊？真虚荣！又虚荣又没本事还算是个男人吗？（越说越生气）

男：……我告诉你，我不但上次没去，这次我不去，下次我也不去，以后我都不会去！（咬牙切齿）

很显然，这不是一次有效的沟通。

妻子先是认为聚会地点离自己很近，丈夫接受这个要求是应该的，等一听对方不能去，自己的希望落空，马上情绪激动地攻击对方。

丈夫本来想解释一下不能去的原因，但听到妻子粗暴无礼的指责，他的逆反心理发作，拿出了“你要我去我偏不去”、“以后我永远不去”、“就是不满足你的要求”的态度来惩罚对方。

而沟通的核心内容是什么呢？本来只是一次大家能否一起出席的聚会而已，但是这样糟糕的沟通已经演变成了吵架。

不妨换个方式试试看：

女：明天晚上有空吗？一起出来吃饭行吗？

男：巧了，没空，有个项目在赶时间。什么事啊？

女：同学电话通知我明天晚上聚会，上次你没去，这次大家还都想见见你呢。要不等聚会中间我接你来一下，最后咱们一起回家，好不好？

男：工作真的很紧张啊……好啦，是我不想见你的同学们，人家都有房有车的，咱们显得挺寒酸的。

女：你说的也是，那你真不想去就算了，没什么的。还有，咱们好好努力，生活肯定也会变好的。

男：……那你等我加班完了过去一下，咱俩一起回家，要不然那么晚回家我不放心你。

两次沟通的差别在于：第一次沟通中，女方的态度完全是不容置疑，要求一旦被拒绝，马上就开始指责对方。男方也开始情绪冲动，不想再作解释，干脆硬碰硬，越想让我去我就越不去。第二次的沟通中，女方语气很温和，能包容对方真实的感受，还提供了一个新的方案——饭局最后出现一下，两个人一起回家。丈夫觉得被关怀，有选择，也会为妻子着想，答应加班后去一下，满足了妻子的要求。

在你们的沟通中，是否也会发生这样的问题，明明只是一句有商量余地的问话，却被你们升级成了一场争吵？还是在你们多年的相处中，你突然发现，其实自己根本不了解什么是“沟通”，而是这么得过且过地混日子，满心不愉快又不知道问题到底发生在哪里。

我们来看一下沟通的概念：沟通是人与人之间、人与群体之间思想与感情的传递和反馈的过程，以求思想达成一致和感情的通畅（引自百度百科）。

你有明确地表达自己的思想吗？你是否让自己的感情大过所要表达的内容？你是在发泄情绪，还是在沟通？你们之间有“传递”和“反馈”的过程吗？

很多人在深入地理解沟通的概念时，已经开始发现：原来这么长的时间里，我们都是在自言自语，并没有做到真正有效的沟通。

沟通的要素包括沟通的内容、沟通的方法、沟通的动作。就其影响力来说，沟通的内容占 7%，影响最小；沟通的动作占 55%，影响最大；沟通的方法占 38%，居于两者之间。可以看到，沟通的内容在沟通要素中是影响最小的，而沟通的动作和方法影响最大。

在跟爱人商量一件事前，请注意我们的语气和表情，因为很多时候，往往是语气和表情让对方误会了我们真正的意思，让沟通不能顺利地进行。

我们很容易为自己辩解的理由包括：我这个人就是这么直啦，我神经大条，我大大咧咧，我不拘小节，我不会看人脸色，我刀子嘴豆腐心。但是我们被人得罪时，可不会接受这些借口，我们会生气，会反感，会在心里咒骂，或者干脆就翻脸：有你这么说话的吗？

你是用什么语气跟另一半说话的，为什么你说话他/她总是不听？为什么你们说不了三句就会吵架？这是否跟你的语气有关系？

什么是让爱人反感的坏语气？是否你在不知不觉中，已经习惯了坏语气？你在对待你的领导、客户等职场中的重要人物时所用的语气，跟你对爱人说话时的语气一样吗？我们对重要人物说话时往往会更慎重，更谦逊，也更委婉，尽力让对方清楚自己的意思，而不冒犯对方。但是，还有谁能比跟我们共度一生的人更重要呢？

跟爱人沟通时，请避免以下几种坏语气：

讽刺轻蔑

你会不会开车呀？白痴。

就你那点英文水平，切！

我算看透你了，窝囊废！

早就该听我的，你看你又错了吧？傻瓜一个……

请不要以为这是冤家路窄，敌人在对敌人说话，千真万确，这样的对话在很多家庭里都能听见，丈夫对妻子的，妻子对丈夫的，父母对孩子的……最可怕的就是熟悉了这样的语气，不自觉地把这样的语气当成了亲昵。

很多人觉得粗野一些、随便一些没什么关系，对于亲人，我们可以放下防备，让自己的语言更自由，无拘无束。但是，当你的语气已经造成了实质的伤害时，你是否还会觉得这是“亲热”和“自由”呢?

少说一些贬低和讽刺的话，少一些伤害对方的可能，是很有必要的。

急躁暴戾

如果说讽刺轻蔑的口吻，让你觉得阴阳怪气，很不舒服的话，那么急躁暴戾的语气，就好像直接给人一记耳光。

一句话可以心平气和地说，也可以恶狠狠地说，效果是不一样的。一些夫妻在发生冲突后经常有这样的解释：

我当时只是让他别吸烟而已，这么点小事他就跳起来骂我。

我只是说她衣服好丑，其实我是开玩笑，她回手就给我一拳!

我不就说你妈神经病吗？你干吗骂我十八代祖宗？我没拿刀砍你就算是客气了。

……

回头去看根源时，人人都会轻描淡写。但是，那一瞬间的愤怒，到底是由什么触发的呢?

那种让人极度反感、透出暴戾之气的语气，让一句本来不轻不重的话，变成了杀伤性武器，直接让对方进入了“一级战备”。

如果你不信，很简单，笑眯眯地对你的另一半说一句：坏东西，滚远点。再拿出你最狠最恶毒的口气，说出这句同样的话。你觉得对方的反应是否会一样？

不要使用语言上的暴力，不耐烦、恶狠狠、粗暴急躁的语气，会让你的话变得很难听，更难被对方接受。

冷漠忽视

聊天工具上最令人讨厌的回复是什么？不带任何表情的“哦”，至少可以排在前五名。

无论你是兴高采烈地打招呼，还是认真地讨论问题，还是热情地询问，如果换来的都只是一个“哦”字，脾气再好的人也会被刺激到。

今天我们单位有件事情很好笑啊。

哦。

我说给你听好不好？

哦。

你到底是想听还是不想啊？

听吧。

我们单位那个小李啊，你记不记得了，上次来过的那个？

哦。

……

原本要分享一件有意思的事情，结果变得素然无味。

暴戾的语气是烈火，会让人严重烧伤，冷漠的语气则是空调，让你冷得发抖，患上重感冒。

习惯使用冷漠语气的人，是那种以自我为中心，活得极端无趣的人，在他们眼里，每天吃饭睡觉按时上下班就可以了，他们不想关心身边的人，也不想知道伴侣有什么感受——因为和他/她无关。

冷漠语气的背后，是一个不愿负责、不愿分担、不愿沟通的人，他/她们对生活的理解就是得过且过，不管你怎么想，我“哦”一声就完了。

你是这样的人吗？你的伴侣呢？

同样，沟通中的表情也很有必要留意，很多人总觉得自己已经足够真诚、足够客观和理智了，为什么对方还是不愿意接受自己的真心呢？

事实上，你下意识的表情，已经提前表达出大部分的情绪。你对爱人说，放心吧，我一定能办好这件事。是放松、微笑着说，还是皱着眉头说，传递出来的感觉是完全不同的。前者让对方觉得你有信心去做好，后者则让对方觉得你是被迫的，这么说只是为了安慰爱人，是不是真能做好一点把握都没有。

Helen观点

在沟通时，我们需要注意避免一些不好的沟通表情：

1. 皱眉

皱眉表示施加压力，表示和对方讨论的事情令人烦恼，皱眉还会传递出一种不耐烦的信息——“真受不了你”，虽然没有说出来，但对方能感觉得到。皱眉还会表示“压抑的愤怒”、“激烈的思想活动”、“最好跟我保持距离”。

说话时少皱眉，舒展的眉头，会让别人、让自己都心情愉快。

2. 撇嘴

不自觉地撇嘴，表示“不屑”、“不赞同”、“轻微的恶心”、“没说出口的讽刺”。

如果对方说起未来的规划，你假装听得很认真，但其实你下意识的撇嘴已经足够扫兴，对方会很明确地感受到“看不起”、“不在乎”、“轻视”的意思。

3. 目光游移不定

说话时，频繁地眨眼、目光散乱，马上就给人一种很紧张、很没信心的感觉。

而在倾听的时候，对方不是看着你，而是看看窗外，看看手指，看看地上之类的，你也会感到不被重视，觉得对方没有仔细听你的话。

求婚时不是看着爱人的双眼，而是看着自己的脚尖说："嫁给我吧，我会让你幸福的。"这一幕会不会太滑稽了？

4. 下巴抬得过高

"俯视"的姿态是"傲慢"最好的表达方式，不自觉地抬起下巴，内心的高傲一览无余，这样的人就算装得再谦逊，再多礼数，也会给人留下一个"很瞧不起人"的印象。

对你的爱人高抬起下巴，用最傲慢的口吻说："给我倒杯茶。"小心，茶水也可能倒在你的头上。

注意相处中这些容易被忽视的小细节，诚恳地交流彼此的想法，认真地讨论问题怎么解决，相信一次好的沟通，带来的会是非常幸福的感受，因为相爱，所以大家可以互相理解和包容，并把理解和包容，真正地体现在一件件小事之中。

取悦你，尊重我

爱人之间的互相取悦是应该的，但要保持自尊和自爱，不要为求得对方的肯定而牺牲自我，这一点值得注意。同样，尊重爱人的付出，与爱人随时进行互动，而不是坐享其成，认为一切都理所当然。

只以“取悦某一方”为相处的原则，会让相处的模式走向极端，而彼此的尊重，就是一个调节的砝码，让两个人的相处保持着愉快的平衡。

红枫对于第一任男朋友的最终论断是“人渣”。她跟着贤惠善良的妈妈学到的全部是奉献和牺牲，连男朋友的衣服她都给手洗好，晾干，送到他的宿舍去。自己的东西有什么是男朋友需要的，甚至不用他开口，她也会双手奉上。两个人在大三时开始同居，家庭条件比较好的红枫承担了所有的房租和生活费。

这样的付出换回来的是男朋友的背叛，他觉得女朋友简直是太好了，太周到了，让他觉得只是多了个老妈，已经没有了情侣之间的甜蜜心动，所以，他需要找其他女生来体验恋爱的感觉。

红枫原谅了他一次，两次……很多次之后她终于无法忍受，男朋友无辜地摊开双手：你不是说只要我快乐就好吗？你不是说我快乐你就快乐吗？

红枫在与第二任男朋友相处中变得斤斤计较，她绝对不肯多为他付出一点点：吃饭四十块，要么你全出，要么我付个十块给你，不然你就是欺负女人。家务要么你全做，要么我高兴了做点饭，如果敢说我，我就大哭大闹，给你看脸色。

红枫有一套完整的理论，在吵架中频频搬出：女人多辛苦啊，将来不是要给你生孩子吗？你能怀胎十月的话再跟我计较吧。是，现在是没有孩子，但是我们女人有生理期，你就不应该心疼我、体贴我，为我多做点什么吗？

红枫觉得自己扬眉吐气，彻底找回了做女人的尊严，但男朋友在跟她恋爱了将近一年后，提出了分手。

红枫不明白了，她终于真情流露："别离开我，跟你在一起我才知道被爱的滋味，我其实很喜欢跟你在一起。"

男朋友苦笑了："那你有没有想过，我有没有被爱的滋味呢？我开始是喜欢跟你在一起的，觉得你快乐就是我快乐，但现在不行了，我觉得你根本都没把我当成一个人。"

红枫开始哭闹，采取了威胁自杀、发短信、打电话加上网上告白等一系列挽回行动，这些除了让男朋友更加坚定了分手的决心之外毫无作用。

红枫只好继续寻找第三任男朋友了，这次她的想法又回到了初恋的时候，只要我爱他就行了，我一定要好好伺候他，对他好，把他抓住……

我们都会有这样的时刻：为了爱人的一举一动而牵动心情，为对方作出奉献还忐忑不安，不知道他/她是否会喜欢。我们在这些爱的交流中加深着彼此的了解，让爱更好地体现在行动中，跟现实融为一体。

这本身是美好的，伴侣之间的互相取悦，也会是婚恋生活中必要的部分，最笨的人也会这样衡量自己的感情关系：如果对我不好，我干吗还跟他/她在一起？

爱是付出，爱是行动，但爱是彻底的奉献和牺牲吗？丧失了“尊重”的爱，是否还是健康的爱呢？

爱一个人，我们愿意给他/她做最喜欢吃的东西，一口口地喂给对方吃，毫无疑问这很甜蜜，但这样的亲热丧失了对一个成年人的尊重，而是把对方看成婴儿——没有行为能力的人，才需要这样的照顾。

同样，我们经常听到很多怨气冲天的牢骚：我把家里什么活都做了，心疼他/她，一点事情都不要他/她做，结果人家根本不领情，说是你自己愿意的，我又不是不会做。

是的，爱不是把一个人原本都会做的事情揽在自己身上，自动变成一个保姆或者小时工，这样的包揽跟父母的溺爱毫无差别，只是放纵了自己的爱而已。

你们完全可以一起做家务，一起唱歌、聊天，讲点笑话。你也没必要真的把牙膏都给他/她挤好，一个成年人如果真的被宠成婴儿，这是对对方的不尊重，也是对这份爱的扭曲。

爱绝对不是“我要宠溺你，一切都为你做好”，“我要无底线地包容你的一切，包括品质上的缺点”，相爱中互相取悦、甜蜜的行动犹如丰盛的大餐，而尊重，则是一个盘子，限定甜蜜行为的容量——无节制地大吃大喝，我们都知道对健康有害无益。

“取悦”无底线，结果就是丧失了自我，既得不到对方的尊重，也让自己的尊严荡然无存。

为什么经常有人感叹说“恋爱就是犯贱”、“恋爱是鬼迷心窍”，就在于忽视了自尊。

爱需要彼此宽容、忍耐，爱需要行动体现，彼此照顾，让对方舒适，但爱也需要对彼此的尊重，这一点不能忽视。

保持尊重，请注意以下几件事情：

你为对方做的事，是他/她真心喜欢的吗？你是认真思考了对方的需要，还是你以为对方会喜欢？

对方为你做的事情，真的会让你感到愉快吗？还是你只是为了迎合对方而假装喜欢？

你们在一起，是完全以其中一个人的牺牲和付出为代价的吗？是不是说，对方愿意付出，你就享受得理所当然？

你会强迫对方做不情愿的事情吗？因为爱，你就要满足对方违背自己原则的要求吗？

请不要让感情关系渐渐疲惫枯竭，我们的努力会让两个相爱的人相处得更好，你可以做到！

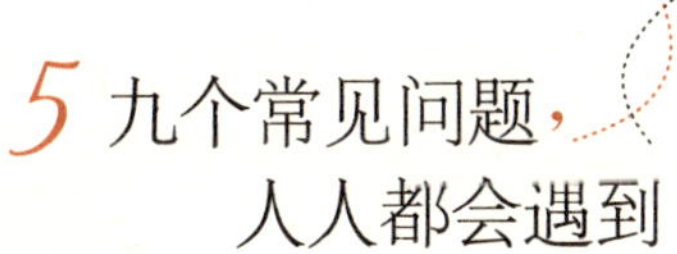

5 九个常见问题，人人都会遇到

当这本书作为一个帖子在论坛上开始连载时，网友们参与的热情是惊人的，问题繁多而细致，有在每个人身上都发生过的事情，也有非常特殊、百中无一的案例。我在解答这些问题的同时，不能不感叹现代生活的复杂和人性的多样。

这些问题体现出大家对于生活的思索，而思索之后，带来的往往是困惑，倾诉之后紧跟着的问题是：我们到底怎样做才是对的？

而伴侣们之间关于问题的讨论，也往往以此为核心："我们谁才是对的"，"我为什么是对的而你为什么是错的"，"错的为什么不肯纠正为对的，不肯听从对的"？

其实，在婚恋关系中，我们有一个高于一切的衡量标准，那就是"幸福"。

婚恋关系里的问题，并不是一定要去找"对的答案"，更不要把一些日常的问题，变成辩论大会，正方反方口水横飞，各说各的道理，拖延、对抗，却总是无法得出结论。

这里选出九个在论坛讨论和信箱中最常见的问题，让我们一起去找那个"令我们都感到幸福和满意"的答案吧。

双方家庭的影响

先来看两个常见的观念：

“结婚不是两个人的事，是两个家庭的事。”“门当户对永远不会错，高攀或者下嫁都不会幸福。”

前者，笼统地说明了男女双方因为婚姻关系而让两个家庭产生了更多复杂的人际关系，从而使婚姻核心里相对单纯的“两个人”，变成了“两个家”。后者，则是强调了家庭背景给我们造成的深远影响，以至于在寻找结婚对象的时候，会让家庭的影响，加深加大男女之间的差异，需要付出更多的努力才能磨合好。

由此可以引申出许多影响婚恋关系的琐事：

我们感情好，但是跟彼此父母相处不来……

我们俩是真爱，但是他/她家的亲戚都是极品……

我们俩是天生一对，但是生活习惯、消费观差异太大，过不到一起去……

跟我在一起，就必须把我的家人都当成亲人……

各种关于两个家庭影响的问题，归根结底，仍然是关于独立的问题。

作为一个成年人，无论男女，我们都需要独立地经营自己的婚姻关系，独立地承担风险，独立地克服和解决困难。

即使父母和子女再互相依赖，等到孩子成家，相互的独立也是必然的。因为父母和其他亲属的影响，而破坏了原本很好的婚恋关系，甚至为了父母而离婚，发生各种纠纷，原因都可以归结到独立的问题上。

你想跟谁结婚，你如何考量一个人，你如何和对方面对现实中的种种差异并努力去解决，这是你自己的事。

婚姻的核心必须是、也只能是两个人，结婚证书上只写着伴侣的名字，意思是由你们俩来承担婚姻的责任，与他人无干。

“哎呀，你不了解我们家”，“我当然要以我的亲人为重啊”，“不照顾弟弟妹妹怎么可以”，“父母还不是为了我们好”……

请记住，结婚意味着在你生命的大部分历程中，都是由你的伴侣陪伴着你，你们共同承担责任义务，面对人生各种风险，不是你的亲戚、朋友，甚至也不是父母、子女。

如果不能意识到这一点，而是继续把父母家当成自己家，跟伴侣组成的家庭只是大家的一个分支，那么，等于是默许了很多冲突和矛盾的自然发生。

有人也会窃喜：我的一切都靠父母呀，工作是父母找的，结婚后跟父母住，什么事情都是父母给包办，我好幸福呀。那么，假使有一天父母老去，你的幸福从哪里来呢？一生只安享了父母的付出，你又为父母奉献了什么呢？

同样，差异极大的家庭背景，是不是就不能造就一对好夫妻？网上热议的“凤凰男”、“孔雀女”，是不是就那么恐怖，因为贫寒的家庭背景，而不断地要求小家作出牺牲，去成全自己的父母兄弟姐妹，让伴侣过得苦不堪言？

这取决于你自己的选择和决定。

作为独立的人，我们应该自己选择伴侣，自己去约定生活中的种种事情，自己去拿捏情感和理智的平衡。

有主见的人或许一开始不大好相处，但规则很快就能建立起来，之后的时光会让大家都各得其所，找到舒适的位置。没有主见的人不但自己烦恼，而且家人、朋友，都会受到他/她们的纠结之苦。如果小家的建设从窗帘的花色到工资的分配，都要听双方父母和亲戚的意见，那么是一定会有风波的。

“不行啊，我什么都不懂，我就是需要指点，我就是需要别人告诉我怎么做，我就是害怕错。”

很对不起，我们成长至今应该知道，大部分的生命体验无人去告诉我们答案，只有去行动，让行动的结果给我们经验，让我们自己去判断对错。

保持婚姻中以两个人为核心，事情的解决方法让你们俩都能觉得合理，这就是答案。此外的一切影响，都尽量过滤掉吧。

人生苦短，请为自己而活。尽早独立于原始家庭，就是成熟的第一步。

财产收入的分配

在这个问题上，也会有一些广受赞同的观念："男人赚钱女人花"，"爱我就是有一百给我花九十"，"男人负责赚钱养家，女人负责貌美如花"……

这些话的背后有一个核心观点：女人要占据家中所有的财产支配权，好男人就是要把自己的全部财产和收入双手奉上。

产生这样的观念也不意外：女人要比男人更在意家庭，女人有青春损失，女人要生儿育女，女人要承担更多的家务……

但是，这个理由和结果若联系在一起，那就会得出一个"女人结婚是为了获得男人财产"的结论，女人的生理特性决定她们是婚姻的弱者，所以就要在财产上获得补偿。

作为独立的成年人，拥有自己的财产支配权，这是必然的。在结为夫妻后，拥有了共同财产，收入和支配要权衡两个人的具体情况来确定，这也是必然的。

并不存在谁就理所应当占有一切的道理，如果说女人占据所有的财产成立，那么男人也可以搬出“嫁到我家就是我家的人”来吞并女方的所有财产，支配女方的所有收入。

所以，不要急于被偏见支配，不要总是搬出“人家都说怎样才是对的”、“隔壁张三家里就是这么做的”，衡量好你们两个人的具体情况，到底你们为共同财产付出了多少，为共同的生活又要支付多少，储蓄多少，未来有多少投资的计划，这些是完全可以明确出来的。

两个人要在一起生活、同居或者结婚，清点一下各自的财产和收入是很有必要的。之后一起生活中要承担的支出和日常消费，也需要在刚相处的几个月里慢慢明确出来。

明晰的财务规划，会让两个人的生活更有规律也更从容，更能经受风险，顺利履行义务，包括之后赡养老人和养育孩子的部分。

小家庭的经济账，无论月入一万还是三千，都是需要面对的。那种“我想怎么花就怎么花”，“不管收入多少，我就是要过我想过的生活”，“理想的生活就是样样都精致、昂贵、完美，并且有人准备好了献给我”之类的想法，都请快快停止吧。

通常一个家庭的收入包括夫妻二人的工资收入，这是可以统计的。以月为单位来看支出：

房租 / 贷；

物业水电等杂费；

食物、衣服和日用品，通信费；

交通费，包括家用车的费用；

交际、娱乐和旅行的费用；

赡养老人或者养育孩子的费用。

如果有剩余，还要有一部分储蓄和投资的费用，以备不时之需。

而这些支出的分布比例，每个月到底要把多少钱用在什么地方，这完全根据两个人商量的结果而定。

没有谁规定一个月必须外出吃几次饭旅几次游才是对的，也没有谁规定必须外出吃饭游玩才是有品质的生活。量入为出，根据你们的收入水平，去安排好每个月的消费生活，从容、实在，能应对风险，对未来有计划，这样的财务规划就可以了。

最怕的是，平时不理财，发了工资乱花，等没钱了就互相抱怨，开始哀叹“贫贱夫妻百事哀”，“过这么苦的日子还不如不结婚”，“柴米油盐鸡毛蒜皮害死了爱情”……这样的状况，其实是可以完全避免的。

经济实力薄弱时并不能承担过分的超前消费，月薪五千却透支信用卡大买名牌，这样的状况经受不起一点点风险的压力，万一有疾病、失业或者意外发生，对小家的财务打击会是巨大的。

在消费中我们可以清楚地看到夫妻消费观念的不同，正如其他的一切差异一样，请彼此包容。不要仅仅因为钱的原因就令爱人伤心难过，尊重另一半的需求，当然，也要考虑小家的经济实力和对未来的计划。

经济问题是婚姻生活中很重要的内容，“谈钱太伤感情”、

“你眼里只有钱没有我”，这些指责实在是幼稚，现代社会又不是古时候靠男耕女织就可以得到温饱，当然要一起琢磨家里的财产和收入支出了，而且，生活中的各种需求，很多也是靠钱来满足的。

那么，到底大家是吃鱼吃肉，还是多吃素菜，是经常出门吃饭，还是在家做饭解决，上班是打车开车还是坐公交，这些细碎的部分，都跟钱有关，也都需要两个人达成一致的意见。

小家的财务生活不需要你太多抒情，更忌讳冲动消费和购物癖，认真记账，明白自己的每一笔收入和支出，比你在微博上转发一堆“谁要赚钱养家谁要貌美如花”之类的伪名言来得更重要。

多些理智，少些情绪，客观地看待两个人的财务状况，为未来作好规划，这就是大部分家庭财产问题中需要注意的地方。

家务分工

做家务也是婚姻生活中居高不下的问题热点，计较起来，就是谁做了谁没有做，谁做多了，谁做少了。不可忽视的现实是现在的独生子女小夫妻本身的生活能力很差，如果是从父母家过渡到结婚后的小家，家务活要有一个从适应到熟练的过程，需要彼此的耐心和信心来支撑。

“我在娘家可是大小姐，从来都没做过家务，怎么现在就要伺候你？”“你是大小姐我还是妈妈的宝贝儿子呢，袜子我都没洗过还给你洗衣服？我没空！”

“我还不是为了爱你，现在洗衣煮饭都变成黄脸婆了，你有没有良心？”“拜托，你做的那是饭吗？猪都不会吃吧，我忍了很久了！”

“就知道玩游戏，不会过来帮把手吗？”“少废话，说好了你做饭我洗碗，哪儿那么多事？！”

对于家务的烦恼，伴侣都需要先问自己一个问题：家务是因为结婚才产生的吗？是不是独身居住，就没有家务的问题了？不是，独住也一样要吃饭洗衣，擦地清洁，定期大扫除。

家务并不是婚姻带来的麻烦，也不是你跟谁结了婚带来的麻烦，做家务是一个成年人独立生活的能力之一，跟理财一样，都需要不断地熟悉状况，提升效率，让自己生活得更舒适。

两个人的共同生活中，家务也是伴侣应该分担的责任，根据能力的大小、高低，每个家庭可以有不同的分配。

有的是妻子包揽室内的各种细碎零活，丈夫负责买米买油，修理家电，通下水道。也有的是丈夫炒菜好吃，每天下厨，但此外的家务都由妻子包办。也有的家庭丈夫或者妻子做了所有的家务，而伴侣在其他方面有所补偿，比如特别会赚钱，有生活情趣，也可能妻子或者丈夫是全职主妇/夫，或者是在家工作，有时间包揽家务。

两个人一起做了一道新菜式，在纪念日给自己摆出一桌烛光晚餐；

大扫除过后，放点音乐，关了灯两个人慢慢跳舞；

添置一些让生活更方便的家电，比如扫地的机器人、可以定时煲汤的锅、小型吸尘器等，让家务变得更轻松；

花上几天时间一起挪动家具，让住了很久的家更有新鲜感，顺便把一些卫生死角清洁干净；

在收拾干净的桌子上放一瓶花，让花香弥漫整个房间；

搜集一些杂志上做家务的小贴士，放在厨房或者贴在冰箱上，所知更多，做这些琐事会更有效率……

无论是独身，还是两人共处的小家，做好家务是非常必要的。不为生活琐事所苦，反而以此为乐，还有什么能折磨到你呢？非要在那里斤斤计较我多做了一点点，他/她偷懒了一点点，然后呼天抢地说，看，我为爱情作出了多少牺牲！这样的念头除了让自己更加消极和悲观，把自己放在一个“受害者”的位置上，不断放大生活中不愉快的一面之外，没有别的意义。

如果是跟老人同住的大家庭，做家务仍然是小夫妻必修的功课。不要搬出“我上了一天班很累”做理由，老人也需要儿女的关爱和帮助，多分担家务，让自己的父母享受一些孩子的劳动成果，不要让父母太辛苦，这才是真正孝顺的行为。

经常有人在父母离世时才又哭又悔，深深意识到自己为父母做得太少，但平时，他们却心安理得地等着父母做好家务，做好饭菜，捧来洗得干干净净的衣服，在与父母的相处中，永远都是被照料的小孩子，却从未为父母做过一些真正贴心、细致的好事。

甚至还会有小夫妻理直气壮地认为，我们上班多辛苦啊，反正父母/公婆也退休了，他们闲着也是闲着，来我这里不就是为了给我做家务看孩子的吗？不但对父母没有任何感激之情，反而会挑剔和抱怨家务做得不合心意，孩子养育的方法不对，酿成很多矛盾并且不断升级。

如果你是一个独立生活能力很强的人，能照顾好自己，也能照顾好双方的父母，不以琐事为苦，乐于承担起本来就属于自己的这份责任，那么，你不但自己会得到幸福，你的家人也一样可以安享幸福。

爱是积极的行动，请真正落实到生活中各种小事上。

另外，只要家庭经济条件允许，请小时工帮助做家务也是好的选择。付钱解决问题，摆脱家务给你的困扰，也没什么不好。那种“家务累不死人”、“女人天生就要做家务”、“雇人做家务太奢侈”之类的想法，还是歇歇吧。除非你自己承担了所有家务，否则的话没有资格去强求对方，要求对方就一定要成为家务好手，让你坐享其成。

都说“清官难断家务事”，其实，家务事跟感情生活中的很多事情一样，并不难作判断，也不难行动，难的是克服懒惰、逃避、拖延、互相推诿带来的各种纠结。

带着愉快的心情，处理好生活里的琐碎事情，洗衣做饭打扫，本来就跟洗脸刷牙上厕所一样，是生活中必做之事，既然大家山盟海誓，说了那么多“无论如何也要跟你在一起”、“只要在一起我们就会很幸福”之类的情话，那么，为什么要把小小的家务事当成苦役？

一起为了生活创造幸福，难道不就体现在这些生活的点滴中吗？

过往的感情史

这是一个非常常见的容易引起矛盾甚至分手的问题，有的是旧情本身带来的烦恼，也有的是旧情引起的猜疑、焦虑，使一些无关紧要的小事升级成了矛盾。

相爱会引起伴侣之间的占有欲，爱一个人就希望彻底地了解他/她，继而占有他/她的全部，这是种很常见的心态。但现实是每个人都很独立，没有任何可能把两个人变成一个人，更没有可能把一个人的过去、现在和未来，都了解得无比清楚。

保持各自的独立性，尊重自己，也尊重伴侣，相信自己，也相信伴侣，让尊重和信任为自己的感情关系打包票，而不是每天焦虑不安、刨根问底、猜测质疑无所不用，这样的心态只会自毁长城。

同样，已经跟现在的伴侣确定了感情关系或者走进婚姻，却还心心念念过去的恋人，有事没事就要伤春悲秋，动不动还拿前任跟现任作对比，以此来后悔自己的选择，这样的想法和行为，一样会对感情关系造成严重的损害。

有种“看上去很美”的想法在敏感多情的人群中流行，他/她们会举出一堆自己以为很文艺很伤感的话，来怀念自己过去的恋情，比如“错过了才知道珍惜，但我永远失去了真爱”，“分手后我才知道最爱的是你，但一切都来不及了”，“最美好的就是跟你在一起的日子，我多想人生就停留在那一刻”……

而事实是什么呢？事实是他们根本没有对之前的恋情全力争取，之后又觉得“得不到的才是最好”，这种心态跟“我当年高考本来是可以上北大的”，“上次升职的本应该是我”，“如果我那时做生意早已经发了大财”等等，从根本上来说是一样的。

既然没有把握好当时，却把“过去”搬出来否定“现在”，这种心态，就可以叫做“永远不幸福”的心态。

你把“从前的”、“已经失去的”当成是完美的，当成是生命中最好的，那也就意味着你永远不会拥有最好的感情、最想要的爱人，因为你对现实永远是不满意的，“现在”也永远比不上“过去”。

一个认定自己“永远不幸福”的人，不但把自己的人生笼罩在悲观和伤感中，也会让自己的伴侣陷入痛苦。

那种“没有了他/她，我就随便找个人结婚了”，“不能跟你在一起，跟谁在一起也无所谓了”的想法，看起来痴情凄美，但本质上是多么自私。

你放任自己成为一个不幸福的人，那也没有问题，但要记住，你既然要开始新的感情生活，让自己幸福，给对方幸福，这既然没有把握好当时，却把“过去”搬出来否定“现在”，这种心态，就可以叫做“永远不幸福”的心态。

是你的责任，你没有任何理由说出“因为你不是他/她，所以我们是不可能幸福的”这样的话。

而对于过去的感情史牵扯不清，有了固定伴侣还与前任暧昧、纠缠，发生各种往来，还理直气壮地说“我们是亲人、兄妹、朋友”，这样的做法也是对现任的不尊重，因为感情关系中忠诚是基础，再漂亮的借口，再动听的解释，也不能拿忠诚的基础来冒险。

对于自己过去的感情史

坦然面对，总结其中的经验和教训，让自己学会成长，而不是沉溺其中。人生最重要的永远是当下，对当下的投入和努力也会决定未来。

对于旧日的恋人，最好不要往来，想找朋友到处都有，没有必要让两个感情破裂的人再去保留亲情、友谊之类的暧昧，对旧情人最好的关心就是祝福他/她一切都好，而彼此不要打扰。

是否要告诉现在的恋人，告诉多少，尺度由自己权衡。有人会一字不提，也有人会简略提及，那种津津有味地分享过去的各种隐私，甚至不时拿出旧情来做调味品的行为，对自己过去的感情也是一种不尊重。

既不要一味伤感，也不要无端痛恨。对旧情仍然产生太多情绪，只能证明你还没彻底放手。而不彻底放手，你又如何迎接新的爱人和新的生活？

对爱人的感情史

不要追问、打探，好奇的恶趣味和攀比心，只会让你们因为旧情而闹起矛盾，这矛盾不可解，因为已经过去的事情，谁也改变不了。给爱人保留一些私密的空间，证明你足够自信和成熟。

如果爱人因此受到很大的伤害，最好能做到帮助他/她恢复和弥补，让他/她重新建立起对幸福的信心。

如果过去的感情史暴露出爱人的人品问题——注意，这是需要你认真考虑的，如果前任曾经被骗财、劈腿、家暴、虐待、恐吓，你是否还要跟这样的人在一起，还是考虑及早抽身？

此外，要特别说一下有过往婚史的问题。有过婚姻的人在各方面都要更复杂一些，包括财产、家庭情况、离婚原因，这是婚前就要仔细考虑好的。先要确认对方是否已经离婚，完成了法律上的关系和共有财产的分割。

一些人会貌似很不得已地说："我们已经分居了，在谈离婚了，就剩孩子抚养权没处理了……"不要相信借口，一天没有办理离婚手续，一天就仍然处在婚姻关系中，这个时候开始介入其中的感情关系，毫无疑问是第三者。

有些人离婚了仍然跟前妻/夫居住在一起，这种情况就让感情关系更加复杂暧昧，没有处理好之前，最好还是不要开始新的感情生活。

已经完成了离婚手续的人，具体的离婚原因和现在的情况也需要跟新的伴侣沟通好，不要让新伴侣等到婚后才发现疾病、债务等重大问题，这种行为实在跟欺诈无异。

“这些我都不知道啊”，“我这个人很简单，相爱不就行了吗？没想到会是这样”，“我们还是不了解对方”……

当我们在婚后说出这些话的时候，是否应该回顾自己婚前的准备工作有没有真正做到位，是不是把理解、包容和信任，都只当成了一个词汇，停留在口头和纸面上？

性格不同而产生的摩擦

离婚时最容易说出口的理由：性格不合。分手时最容易交代的理由：性格不合。

有很多研究性格的书，对人群进行分类、搭配，推测后果，更有关于血型、属相、星座的推算，来推波助澜。

偏见一旦形成，就会轻率地下结论："我急躁他也急躁，两个人在一起肯定不行"，"狮子座爱虚荣、爱面子，是自大狂"、"A 型血肯定是谨慎守规矩的人"……

择偶时也会被偏见影响："我必须找天蝎座的"，"属相不对再好的人也不能要"，"自己性格内向需要一个外向的人来弥补"……

不可否认，每个人都有自己不同于他人的个性。同样，人都有七情六欲，都会有开心、悲伤、烦躁的时候，各种性格的人，都有好相处的一面，也会有不好相处的一面。把所有相处中的不愉快都归结到性格原因，其实不够客观。更何况，有人把性格当成放纵自己的借口：

我就这脾气，受不了你找别人去！

我们白羊座就是冲动，来得快去得也快。

少拿你的这套来约束我，我是有个性的人，绝不会为你改变！

……

以性格不合作为争吵乃至分手的理由时，需要问自己一个问题：你确定你的同事、同学、朋友、客户，人生中接触的每个人，都是跟你性格相投的人吗？

答案一定是否定的。

那么，请问你都跟这些人闹翻了天，动不动就要争吵和说分手吗？

答案多半还是否定的，而且会有很多人说："我这个人吧，人人都说我性格好，跟谁都能相处得很好，我对人客气又有礼貌，很多人都喜欢我。"

所以，是否你在与伴侣相处的时候，没有用耐心来克制自己，而是对对方提高了要求呢？是不是我们一生把礼貌、文明，客气、谦让的态度都留给了外人，而留给伴侣的却是自己不加任何控制，甚至任性而为的"个性"呢？

感情关系中，更需要的是感性和理智的平衡，包容对方与自己不同的一面，去让双方契合的一面尽情发光。

如果你们一个是急性子而另外一个是慢性子，那就调整一下一起行动的时间，急性子不要发狂，慢性子也别自暴自弃；如果一个爱说话一个很沉默，那么爱说的多去鼓励沉默的，沉默的也可以做个好耳朵，多去倾听和分享爱人的感受；如果一个热情积极，一个慢热，那么热情的需要多一些耐心，慢热的人也需要积极一点去配合。

有很多幸福的家庭，伴侣们会由衷地说出这样的话：

有了他/她，我的人生不一样了。

是他/她改变了我，让我变得爱笑、开朗，愿意与人交往。

跟他/她在一起让我觉得生活有了另外一面，让我更能从别人的角度去思考问题，大家都说我比以前更加成熟和懂事了。

朋友说我结婚后跟换了一个人似的，一点都不颓废自闭了。

开始也会担心我们这么不一样能相处好吗，事实证明我们都变得更好了。

……

一段好的婚姻会帮助两个人携手成长。我们相爱，对这段美好的感情负责，我们愿意为了对方作出积极的努力，也看到伴侣为了我们而一点点改变，夫妻间的相濡以沫，就在相处的每时每刻、每一天、每件小事上。

我们学会克制、忍让、理解、关怀，我们学会欣赏、包容、赞美、鼓励，我们从另一半的身上看到更好的未来，也从自己的身上提炼出一个更好的自己。

当然，如果在相处中发现对方的人格中有重大缺陷，比如暴怒、失控，甚至于使用暴力，比如经常撒谎、欺骗、出轨、背叛，再比如反社会倾向严重，有盗窃、欺诈等行为，那么，离开这样的人也在情理之中。

但只是由于性格不同，看问题的角度不同而产生的摩擦，更多需要的是包容和体谅。虽然未曾青梅竹马，但携手成长，白头到老，也是人生的至美境界。

彼此的人际交往

——为什么你那么晚回家，留下我一个人不管？

我有我的应酬，要不你也一起去？

——我才不要跟你那些狐朋狗友一起混！

我朋友怎么就狐朋狗友了？你那些朋友我还看不上呢！

——早知道你这样我就应该听闺蜜的话，甩了你！

你现在就甩吧，我可以跟我的兄弟们继续打牌了……

亲人、同学、朋友、同事、邻居，网络如此便捷的今天也许还要加上网友，与我们发生交集的人是很重要的，但如何处理好各种人际关系，也一向是令人头疼的。当婚恋关系跟伴侣双方的人际关系发生了碰撞，这其中的问题，就会变得更加微妙和复杂。

问题的核心部分依旧是，你的人际关系和你的伴侣谁更重要。大部分伴侣之间因为人际关系而产生的问题，都可以归结到这上面来。

关于婚恋，你的家人可以替你决定吗？

朋友的意见是否要听，要听多少？

是花时间跟伴侣相处，还是跟自己原来单身时的伙伴们相处？

亲戚的利益跟伴侣的利益发生了冲突，要如何权衡？

只需要牢牢记住一件事，对于我们来说，生活中的“我”是最重要的，别人的意见可以参考，但我们必须要跟随自己的心作决定，同样，决定的结果也要由我们自己负责。

而伴侣，是会陪伴我们一生的人，他/她所处的重要位置，是父母、子女、朋友、亲戚以及其他人都不能取代的。

作为一个普通人，我们的时间和掌握的资源都很有限，当你在面临诸多选择时，是做一个“别人眼中的滥好人”加上“坏的爱人”，还是做一个“越来越好的爱人”加上“别人眼中有点冷淡的人”，请尽量选择后者。

做到这一点，需要克服心理上的一个障碍，那就是“别人的看法”。

别人的看法对你来说重要吗？你愿意付出任何代价，来换取别人的一声赞美吗？你的人际关系，是不是要靠着牺牲很多自己的时间和利益来维护？而这样的牺牲，对你的爱人是否公平呢？

其实，做好一个平衡是非常重要的，那就是重视爱人对自己的意见，听取他/她的感受。

当你把家变成老乡和亲戚们的接待站时，是否跟爱人商量过，到底怎么做才能让你们都觉得满意？

当你跟单身时的朋友聚会，开心得忘记了时间时，是否记得给你的爱人打个电话或者发个短信，告知一下自己什么时候回家？

当你有事犹疑不决，是不是爱人的想法你听而不闻，随便一个同事说的话反而被你当成至理名言？

当你跟爱人产生了矛盾，是不是父母坚持说“离婚”，你就丝毫不顾多年的感情，真的跟爱人走上离婚的路？

请把你自己和你的伴侣，作为你生活的重心，在此原则之下，再去权衡这些问题。

作为一个独立的人，不可能让别人的重要程度超过自己，保持自我，量力而为并不是自私，恰恰相反，是让自己和他人都保持着安全的距离。

当你在生活中对“他人”毫无原则和底线的时候，其实已经没有了自我。而你为了做一个“别人眼中的好人”，要连带爱人也一起牺牲掉的话，那你对爱人的做法，就是彻底的自私。

生活中我们常常能看到这样的人，他们的本事大小暂且不论，对别人的事情总是过分热心，热心当然会招来更多需求，远近亲戚、老乡朋友，显得他/她总是很忙碌，很疲惫，他 / 她也会一半牢骚一半自豪地说：“我就是不能拒绝别人啊，能帮助别人不是好事吗？我就是心软。”

但是他们对爱人却很懂得拒绝，也没那么心软。家里有什么东西亲戚喜欢，马上就送人，兄弟姐妹有用钱的地方，不管自己积蓄多少都要帮忙。比较离谱的例子是一位好好先生接送自己的女同事上下班，却让自己的妻子坐地铁；而另一位好好女士，则是跟女朋友们玩得不亦乐乎，手机关机，害得先生要报警寻找失踪的太太。

这些人会有一个常见的借口：“都老夫老妻了”，“我们是自己人”。如果因此就忽视了对爱人的重视和应该承担的责任，如果因此就把自己的人际关系放在婚恋关系之前，那么，你就是一个十分自私和不负责任的人。

听到这样的论断不要惊讶，等你六十岁之后退休在家，才开始跟爱人出去吃饭、看电影、旅行，你会疑惑之前的时光都花到什么地方去了。

没错，你都花在别人身上了。那些钱、精力、时间，都被你慷慨地送给了爱人以外的人，就为了换取一句“某某是个好人”、“某某真能干”、“某某很有路子”之类的赞美。而本来可以很美好的婚恋关系，却因为你的行为变得苍白、乏味，充满了抱怨和遗憾。

“哎呀，你这么说就是叫我们不要做热心善良的人啦？”

不对。真正的自爱，懂得人际交往之间的界限，跟热心和善良毫不冲突，而且，真正婚姻幸福、内心美好、懂得关爱自己的人，更能关注和体谅别人，也更容易在人际关系中找到一个令自己、令他人都很舒服的位置。

“在家靠父母，在外靠朋友，没有关系网是不能成功的。”

这话有道理，但有得必有失，在一个幸福的家庭和拥有一大堆关系网但家庭破碎之间，你愿意选择哪一个呢？

当很多所谓的成功人士，通过各种手段获得更多机遇、更多成就的时候，他/她们的感言中往往会有对家人的愧疚，因为他/她们不得不承认对家人的忽视。何况，就从你身边来看，是不是每个貌似活得很热闹，被一大堆人围绕，每天都在替别人操心的人，都是“成功人士”或者具备了成功的潜质呢？

同样，我们也会看到，有人被坏朋友引诱去做了一些不好的事情，有人因为家人和亲戚的高额债务而导致自己破了产，也有人天天跟同事客户流连在娱乐场所，沾染恶习，还有人甚至被父母包办了婚姻，痛苦一生。这些时候，我们是否还会认为，保持适当的距离，懂得适时说不，就是人情冷淡、自私自利呢？

在你的生活中，你自己是最重要的。在你的感情生活中，你和爱人是最重要的。而你们各自的人际关系，请排到后面吧。每个人的生命只有一次，我们总不能只是为别人而活。

各自的事业发展

现代人的工作和生活之间的平衡，永远是个难题。超强的工作压力带来的健康隐患、感情危机、家庭矛盾屡见不鲜。

我们可以看到许多在各个领域中做到最优秀的人，基本毫无个人生活，他们已经把工作当成生命中最重要的事情为之奋斗，认为实现了事业上的理想，人生就没有遗憾。不可否认，对工作狂们来说，单身是个好选择，因为这永无后顾之忧，只需要专心事业即可，不必考虑其他。

但是，往往在现实中，我们既想要事业成功，又想要幸福的家庭，这是不是始终无法调和的矛盾呢？

不是，只是无形中对自己和伴侣都提出了更高的要求，同样，也需要我们多去付出努力，完成自己的想法。

一个误区就是，我要拼事业，所以你就要理所应当地做我的后盾，不许提要求，我满足不了的话，不许给我责任的压力，我工作已经很辛苦，不许让家里的任何事情来烦我，你爱我就得支持我。

这是一种理直气壮的自私，完全忽略了婚姻中互相尊重和平等的原则。

如果说，你带给家庭的就只是越来越多的收入，你不跟爱人分享相处中的美好时光，从不做任何家务，不跟爱人进行一些甜蜜的小活动，连亲热、做爱都懒得动。家对你来说就只是个旅馆，而你的公司才是你真正的家，你最好的时间和精力都留给了工作，那么，你或许敢说自己是个幸福的人，但你的伴侣幸福吗？你们感情生活的意义又在哪里？

如果你打算把事业发展作为人生的重心，那么请先跟你的伴侣协商好，有限的时间和精力怎样分配才是彼此都满意的。

如果你做不到工作和感情关系的平衡，带给伴侣的只是伤心、失望、一次次的空等，甚至你们连孩子也不敢生，那么对方要离你而去，是个多么合理的选择。

这个误区的对面，站着另外一个误区：为了我们美好的感情生活，有什么是不能牺牲的呢？工作算什么，没了再找，我这么好的人，难道你就不应该捧在手心里，当皇帝/女王一样伺候吗？

这个观点很好驳斥，有情饮水饱只存在于偶像剧中，我们不可能全天候谈恋爱，随时投入到“我爱你”、“我想你”、“我们海枯石烂不分离”这种如火如荼的状态里去。

但在现实中，并不少见这样误以为自己“为爱而生”的年轻人，他们陷入了疯狂的热恋，就要求伴侣也必须保持着同样的频率和热度，随时配合他/她们自以为浪漫的举动。

每天几十个电话，上百条短信，无数网上留言，不顾爱人工作是否很忙或者有什么事情，必须要随时回应他/她们。每天的活动都要汇报，随时贴身紧跟，连对方穿什么衣服，见什么人，说了什么话也想完全知道。爱人如果加班，不能赴约，马上就开始天崩地裂般的争吵，认为这就是对爱情的致命打击，没有了爱情可就活不下去了。

对爱人的过度依赖以至于不把双方的前途和事业放在眼里，往往会因小失大，在校学生荒废了学业，工作的人频繁失业，之后人生道路会要求“恋爱狂”们付出更多的努力才能走好。

选择了在一起的伴侣，请记住你们彼此的人生需要携手共进，同舟共济，互相体贴，一起成长，才是真正的好爱人。

不要相信那种“我们两个必须要牺牲掉一个”之类的谎话，很多事业上各自优秀的夫妻，他们保留了足够独立的空间，既能各自发展事业，又在感情上和谐一致。

即使是美国总统，也可以看到总统夫人作为职业女性的风采，纵然爱人的事业发展再出色，保留一份属于自己的天地，人生会因此更加丰富多彩。

爱人的事业发展，可能会带来生活上的巨大变化，可能是升职加薪，进入更好的圈子，也可能是失业破产，跌入低谷，可能是换了行业，换了工作地点，一切要重新开始，也可能是全家面临移民的选择，是走还是留，要仔细考虑。这时候更应该一起好好面对。所谓相濡以沫，就是这个道理。

西方的婚礼誓言中说："从今天开始相互拥有、相互扶持，无论是好是坏、富裕或贫穷、疾病还是健康，都彼此相爱、珍惜，直到死亡才能将我们分开。"说的就是人生中可能会有的巨大变化对感情生活造成的影响。所谓誓言，是一种郑重的约定，当我们决定了跟一个人相爱，并步入稳定的伴侣关系，那么，预估好各种风险，并愿意坦然面对，会让我们的感情生活平顺安稳很多。

我愿意跟你一起打拼事业，我愿意跟你一起分担生活，我愿意跟你同甘共苦，我愿意为了你奉献、付出并不以为苦——因为"我爱你"不是一句空话，我们也绝对不是只靠一句"我爱你"，就随意走进婚姻。

事业前行，不但要有自己稳健的双脚，也要有爱人温暖的双手，爱，原本就是携手同行。

性生活

是不是只有处女才可能保持对爱人的忠诚？

我的男友性功能低下，我们还能走下去吗？

我经常怀疑自己得了性病，但是看医生好怕羞……

我从来都不觉得做爱是快乐的事情，我是性冷淡吗？

女朋友对我又咬又抓，我怀疑她是不是有点变态……

70后和80后，都没有接受过什么像样的性教育，90后已经成长起来，却仍然在新闻里频繁出现：青少年无知的性行为、性犯罪，假期里的堕胎潮……性教育真的是一件“长大了自然就知道”的事情吗？

性知识跟其他一切课本知识一样，需要我们去关注和学习，客观地对待，而不是对性充满了恐惧、禁忌，还有很多荒谬的想象。

现在的社会信息已经足够开放，关于性保健、性生活的知识，大部分都可以在网络上找到，如果觉得国内的资料不够，还可以去寻找一些国外的资料，多收集，多看，多了解，会让我们对性、对我们的身体，有新的认识。

对于伴侣之间来说，性生活毫无疑问是非常重要的。

可能会有这样的夫妻，他们打打闹闹，旁人看了都替他们难受，劝他们还不如分手的好，但是很可能他们两性和睦，出于对这一点的看重，他们还是愿意继续自己的婚姻。

也会有这样的夫妻，他们在人前表现得无懈可击，互敬互爱，但是性生活上格格不入，忍受着无法言说的痛苦，直到有一天还是决心分手，寻找各自的新生活。

也有人终其一生，固执于从黄色网站、道听途说中得到的那点可怜的性知识，丝毫不管伴侣的感受，觉得“我才是对的”、“就应该如何”，到老都不知道自己从来都没有令伴侣快乐过。

也有人一生都在伪装，假装自己很喜欢性生活，为了讨伴侣的欢欣，装着自己很喜欢粗暴的动作，但在他/她心中却认为“没有办法”，“结婚就是这么回事”，“忍一下就过去了”。

还有人一生都在恐惧、反感甚至仇恨性，他/她认为性就意味着淫欲、犯罪、暴力和痛苦，他/她也会把这样的想法传授给自己的下一代，让孩子也生活在这样阴暗的想法中。

关于性，成年人的疑惑有两点：一是应该以什么样的态度对待性生活，二是如何享受性。

男女相恋，由一见钟情的心动到坠入爱河，一个深深的长吻——是不是童话就这么结束了，接着就是一句“从此过上了幸福快乐的日子”？

不，还差得远，接下来就是性行为的考验：做爱之前是否洗澡，保持清洁卫生？彼此的身体是否健康，有无患传染性疾病？是否做好避孕措施，保证性行为的安全？做爱过程是否让彼此感到愉快，还是做完之后感觉糟糕透了？有没有交流过真实的感受？

“你真是好恶心呀，人家很纯情的，怎么能考虑那么多？”“水到渠成顺其自然，都像你这么问那谁还愿意谈恋爱了，人家需要朦胧美！”……

在“纯情”和“朦胧”的背后，需要有知识和常识做铺垫，这样，一些人就不会悔恨自己患上隐疾，意外怀孕，身体受到各种伤害只能事后哭泣，那种“我好纯洁，什么都不懂”，“我把自己的一切都交给他/她”的想法，实在是对自己的毫不负责。

客观地对待性生活的各种细节，保证彼此的健康和安全，做好避孕措施，这样就可以了。

在被爱的激情冲昏头脑时，请至少留一点点理智为自己的健康考虑，不然的话，之后的痛苦是实实在在的，毫无“纯情”可言。

性生活跟生活的其他问题一样，也要保持着两个人共有的节奏，互相理解和包容，完全以其中的一个人为主导，另一个人只是被动接受的模式，会导致两个人关系的失衡，不能让两个人都享受性的美妙。

有人因为男朋友的特殊嗜好，而变成了受虐狂，忍受了很多身体上的折磨，直到分手后才开始认真思考自己的需要：“是我喜欢被这样对待吗？还是只是为了挽留他、顺从他，不敢反抗的结果？”

也有人因为女朋友的非处女身而纠结万分：“跟她一切都很和睦呀，也知道她是真心爱我，但是这一关我实在过不去，我自己是第一次，实在太吃亏了。”而女朋友因为男友这样的心态而愈加愧疚，完全把自己放在一个“负罪者”的位置上。

对于两性，客观和健康的态度显得多么必要。身体发育成熟后，有了欲望十分正常，是不是处男和处女，并不能决定一生的幸福，正如第一次的性行为，不是一个婚姻的完美保证一样。重要的是，两个真正相爱的成年人，有能力把握自己的生活，让两个人的生命交融在一起，感受到只属于两个人的幸福。不是谁要看谁的脸色，谁要伪装起来去迎合另一个人。

如何去享受性是另一个话题，很多成年人虽然有性生活但从来没有享受过性，对他们来说性生活是为了生孩子，然后就是每周一次或者每月两次的机械运动，有的纯粹就是为了释放欲望，麻木地对待自己和伴侣的身体。

性爱是美好的，从看到这句话开始，就请开始建立同样的观念。性爱也是最直接的爱的表达，而欲望在其中仅仅是一部分而已，如果谁把性等同于爱，那么完全就不需要有稳定的感情生活，不需要有婚姻。爱是唯一的，爱是特别的，属于爱人之间的私密交流，不可能被别的东西取代。

珍惜每个亲吻、拥抱，每个动情的时刻，温柔地对待你的爱人，让你们对彼此的爱彻底地散发出来，而不是像完成任务甚至是做苦工。

对于性爱的交流常常容易被忽视，你这样做，对方真的喜欢吗？你关注过你的另一半是否跟你一样陶醉吗？你们有没有在之前或者之后，好好地讨论一下你们之间的性爱问题？

有个小笑话讲的是一对老夫妻吃早饭，太太如往常一样把面包切成两半，递给先生前面的一半，自己留下后面的一半。这时老先生鼓起了勇气说："这么多年了，我其实一直想吃后面的那一半。"老太太吃惊地说："天哪，我也一直想吃前面的那一半呀！"

面包前面的一半和后面的一半，区别很大吗？这不是重点，重点是我们看到，两个人是怎么想当然地忽视了对方的真实感受，也压抑了自己的需要。

好好享受彼此的爱，好好交流真实的想法，不要因为对方的真实而暴怒、伤心、情绪冲动，接受差异，多去理解和包容，然后一起来讨论一个让双方都满意的解决方法。

而令性爱消除乏味，焕发出新鲜感觉的小招数，在网上随手一搜就可以得到，包括卧室里的鲜花、烛光、性感的内衣、一套华丽的床上用品，晚餐时喝点酒或者两个人伴着音乐跳跳舞……太多的好办法在等着你尝试。

真正的浪漫，并不是住豪宅、开好车、穿名牌就能涵盖一切，而是爱人之间的默契、惊喜，对爱的表达和呼应。

真正美妙的性爱也是如此，并不是说彻底放纵自己的欲望，满足各种性幻想就是美好的性爱，而是一对爱人之间，真正得到了身心的结合，让快乐洋溢在他们的周围，这些美丽的感受，又会沉淀成幸福的回忆，支撑着爱人们度过以后的每个日子。

健康和生育

当你还把结婚当成是童话里的公主遇到王子，最后成了国王和王后这样的桥段，当然了，健康和生育在你的眼中，简直就是庸俗和下流，根本不需要提起。

年轻人沉浸在热恋中，尽情倾诉“你爱我”、“我也爱你”、“我们要永远在一起”，也可能会有种种浪漫的行为、热烈的性爱，让爱人们觉得一切都太完美了。

通过了各种生活琐事的考验，成为一对美满的夫妻，组织了幸福的小家，以后真的可以“永远在一起”了，这个时候，生育会自然而然地被提上日程，而健康和生育的问题，会让我们恍然醒悟：怎么是这样的？！如果早知道是这样，我就不会跟这个人结婚了！

健康和生育的问题是非常切实的，也是被很多人在恋爱和婚姻中直接忽略的。

婚后才发现伴侣隐瞒家族病史，身患生理或者精神疾病，此时无论是否反悔，是继续还是结束婚姻，都已经对两个人造成了莫大的伤害。

身有疾病或生理缺陷的人，请记住你的伴侣有知情权，那种“先蒙混过去等生米煮成熟饭再说”的想法，对伴侣很不公平，也违背了自己内心的道德。

法律上也有规定，如果患有医学上认为不应结婚的疾病，那么最好不要结婚。

2002年卫生部发布《婚前保健工作规范》，其中婚前医学检查第二项规定，婚前医学检查的主要疾病包括：

（1）严重遗传性疾病：由于遗传因素先天形成，患者全部或部分丧失自主生活能力，子代再现风险高，医学上认为不宜生育的疾病；

（2）指定传染病：《中华人民共和国传染病防治法》中规定的艾滋病、淋病、梅毒以及医学上认为影响结婚和生育的其他传染病。

（3）有关精神病：精神分裂症、躁狂抑郁型精神病以及其他重型精神病。

（4）其他与婚育有关的疾病，如重要脏器疾病和生殖系统疾病等。

这些东西对于恋爱中的男女真是太不浪漫，太冰冷没有人情味了，但实际上，这是现实生活的真相，婚恋本身不需要太多的幻想和美化，更需要的是面对现实，选择真正适合自己的人，过真正适合自己的生活。

受各种偶像剧中“绝症剧情”的影响，以为疾病会是多么浪漫多么感天动地的事情，这样的想法还是打住吧。

如果你身患疾病，跟爱人坦白之后，爱人仍然愿意跟你在一起，自然这也就不成为婚恋的障碍，以后两个人的保健、治疗才是应该关心的事。

如果你选择了跟患病的爱人在一起，那么你也就选择了一条比较艰苦的路，不要一时冲动或者充满不切实际的幻想，去好好面对以后的共同生活，考虑如何让两个人和后代能健康地生活比较重要。

也有人会愤怒地说：“患病又不是我的错，我已经够可怜了，凭什么非要我坦白病情？”“如果我告诉了人家，那有谁还愿意跟我在一起？”

婚前不肯坦白，等到婚后隐瞒不住了再说，这对伴侣和伴侣的家人都是伤害，而且这样的态度，一定会影响之后婚姻生活的质量，让两个人都陷入纠结和痛苦，很可能是勉强维持一段之后，仍然以分手结束。

健康问题是个非常实在和客观的问题，请伴侣们好好面对。面对疾病，并不需要太多的粉饰和抒情，需要的是客观的认识、深切的理解和明确的判断。

那些对患病的爱人不离不弃的人很有奉献精神，每次这样的新闻报道都会有很多人为之感动，为之祝福，但真正落在自己身上，该如何选择，需要好好考虑，你有知情权，也有选择权。

对于生育，主要是看两个人的观念是否一致。近年来有很多夫妻之间发生了类似的冲突：一开始夫妻俩约好了不要孩子，但等结婚多年后，其中的一方忽然又打算要孩子了，并且非要做父母才肯罢休。无法调和的情况下两人只好分手。

还有一种生育观念的冲突是，“我必须要男/女孩”，“我必须要两个孩子”，“娶我的话，我的孩子必须要跟我姓”……类似这样的情况，常常是等到了婚后，女方怀孕后，双方真实的生育观念才暴露出来。

婚前的意外怀孕，两个人如何处理，是堕胎还是因为怀孕而草率结婚，这也是常见的问题。

如果说生活里的种种琐事是成年后的我们可以预想到的，对于生育，年轻人往往说的最多的是：“哎哟，我自己还是个孩子，怎么做父母？这样的事情可不要问我，我想都没想过！”

不。从生理上来说，生殖系统发育成熟，就已经具备了生育能力，心理上的不成熟，跟生理条件完全是两回事。

近年前来妇科门诊做流产的年轻女孩越来越多，很显然她们在心理和现实条件中都没有做母亲的准备，但在生理上怀孕已经是不可回避的事实，流产也并不能抹杀生育问题的存在，而流产带来的生理和心理的创伤，绝不是“做了一次小手术”，“完全没有痛苦”，“一个受精卵而已，并不是生命”之类的托词所能缓解的，自欺欺人带来的只是片刻的麻木，而不是真实的答案。

成年男女开始了稳定的婚恋关系，生育问题会比婚礼更早提上日程，与其去为一场多么浪漫盛大的婚礼绞尽脑汁，不如认真想想你们是否会有提前怀孕的可能，是做好避孕措施，还是开始购买《育儿百科》。

一次不顾质量的性行为，不管你们是山盟海誓还是一夜情，不管你是刚吃了感冒药还是对方喝得烂醉，不管你们是刚满十八还是熟男熟女，精子和卵子的相遇就这么简单，比一见钟情来得还直接和迅速。

如果说，男女之间的各种琐事，还可以通过撒娇耍赖之类孩子气的手段解决，那么生育问题，是无论如何不可能用这样的伎俩了。

所谓“我是小公主”、“我是偶像剧女主角”、“我是爱情童话中的小仙女”这样的想法，会在生育的问题上统统退去光环，来吧，你是个女人，你的伴侣是个男人，你们做的是每一代人、每一个人都要做的事——繁衍后代。

这并不可怕，也不可耻，以成熟和理智的态度去面对健康和生育的问题，让自己避免一些不必要的伤害，这没有错。

在日本和中国，山口百惠都是广受人们喜爱的女明星，当年的偶像地位不可动摇，当红程度至今也很少有人能超越。

清纯梦幻少女的形象背后，隐藏的却是一颗理智冷静的心。

山口百惠在自传中坦白地写出自己的月经和初次性经历，态度诚恳自然，没有什么避讳。她也提到自己跟爱人发生关系之后，经常互相谈论健康状况，而且约定一旦怀孕，就马上结婚。

其间，曾经有一次山口百惠感到身体不适，她选择去看妇科。作为一个当红少女明星，这样的做法无疑是惊人的勇敢。但她只是淡淡写来，丝毫不会大惊小怪。医生的检查结果是输卵管有轻微的发炎，吃点药就会好。如果拖延下去，可能就会影响生育。

“如今，我是身体和心灵都很健康的女人，可以成为很好的妻子和母亲。”山口百惠这样为自己作了总结，而写下这些文字的时候她刚刚二十出头，对于身体健康和生育问题的态度，却是出人意料的成熟、清醒、积极。

山口百惠如愿嫁给自己所爱的人，开完告别演唱会，成为幸福的主妇，后来生了两个儿子，一家人其乐融融地生活。

这样的人生，别人看了只会羡慕和赞叹，但你是否想到过，山口百惠拥有的不光是幸运，更有不同寻常的理智，帮助她找到幸福、抓住幸福，尽情地享受自己的幸福呢？

你还在对于健康和生育难以启齿吗？你还是忍受着隐疾不敢去看医生吗？你还在为了堕胎痛哭流涕，久久都不能走出阴影吗？你还纠结于处女情结，折磨自己也折磨着伴侣吗？

想过健康的生活，先拿出健康和明朗的态度来吧。

Helen观点

恋爱和婚姻，总有人喜欢小而化之：

这些没什么了不起的，哪有那么多事，慢慢就好了。

遇到了对的人，一切都能解决啦。

只要相爱，问题就不是问题了。

不是这样的，每个人经历恋爱结婚，都要面对上述的这些问题，因为两个人在一起造成生活上各个方面的改变，需要我们有一个成熟、积极的心态去面对。反而越是那些不把问题当一回事的人，越是容易被烦恼和困难缠住，不断发牢骚和诉苦的是他们，急得团团转却束手无策的也是他们。

满脑子幻想，总把恋爱结婚看得梦幻唯美、超凡脱俗的人，也一样陷入困惑，为什么现实跟自己的想象相差那么多，为什么这么多的事情，在小说和电视剧上从来没看到过？

学习、工作、恋爱、结婚、生子，人生原本就充满各种问题，而恰恰是在一次次面对问题和解决问题的过程中，我们得到了成长。

不要害怕问题，问题是考验也是机会，解决问题后会让我们的人生更加丰富，一个真正敢于直面现实、克服困难的人是勇敢的，而勇敢热情的人，会在恋爱和婚姻中得到更多的乐趣，会让自己更接近幸福，也把幸福带给自己的伴侣。

我们都应该做一个身心健康、成熟明朗的人，愿意付出热情和努力，让自己生活得更美好。

6 新婚姻法，让婚姻更现实

2011年8月13日，我国最高人民法院公布了《关于适用〈中华人民共和国婚姻法〉若干问题的解释（三）》［以下简称《婚姻法》解释（三）］，全文一经公布，顿时引起社会各界的热议，专家、学者、公共知识分子、法律人士，各抒己见，但更多的普通人陷入了疑惑和不安之中。

有人在此之前，从未考虑过婚姻中任何关于法律的问题。

有人因此开始懊悔没有进行财产方面的婚前协议。

有人在筹备婚事时明确地提出了财产方面的要求，不答应就不能结婚。

也有人抛却了财产方面的顾虑，果断提出了离婚。

这一切只因《婚姻法》解释（三）增加的细则，对于财产归属、离婚后如何分割有了更明确的规定。

房子怎么办？

对现代人来说，财产的重中之重就是房产，房价飞涨的今天，房产往往会是一家人的积蓄甚至是两家人的共同积蓄。

早在《婚姻法》解释（三）未公布前，“是否有房才能结婚”、“房产证上写谁的名字”、“结婚后是否要一起还贷款”之类的问题，早已是人们热议的话题。

在金鱼草小姐身上，房子和婚姻的矛盾格外明显。金鱼草家境贫寒，她自小就打定了主意，一定要改变自己的人生，绝不能永远住在这种又黑又小、雨天还会漏水的平房里。

大学里，同样身为贫困生的男同学追求金鱼草，金鱼草虽然对他也有好感，但还是忍痛拒绝了他，而挑选了小康之家的同学作为男朋友，一毕业，金鱼草就住进了对方宽敞明亮的复式房子里，公婆也是厚道人，跟金鱼草相处得很愉快。

金鱼草选了一份时尚行业的工作，每天接触的都是奢侈品和有钱人，看着别人的好车、别墅，她不能不感叹自己嫁得太早了。这时父母跟她开口，弟弟也要买房子了，需要金鱼草的支援，金鱼草跟先生商量了一下，能拿出来的现金不多，他们开口跟公婆借，公婆虽然不是很乐意，但还是把钱借给了她。

回到娘家，金鱼草看着自己家里的老屋和年迈的父母，听着家人的抱怨："这些钱还要跟公婆借吗？他们家不是很有钱吗？你这么漂亮，我们都以为你会嫁得更好！"金鱼草回到自己的家，面对温柔体贴的丈夫和嘘寒问暖的公婆，第一次感到了别扭和疏远。

"既然当我是一家人，为什么在钱上面跟我分得这么清楚？公婆自己住得这么好，我父母却住得这么差，难道看在我的面子上帮一下都不应该吗？"

金鱼草在之后的工作中，更频繁地出入一些娱乐场所，跟年轻时髦开跑车的小姐妹们混在一起，很快，有人邀请她去了郊外的别墅，开口就说："只要你愿意，这栋别墅就归你。"

金鱼草这一次毫不犹豫，而且回家离婚的口气也是理直气壮的："你们家根本没有把我当亲人，房子还不是二老的名字，没有我的份，我父母生活那么困难，你们能帮都不帮，现在不用你们了，我自己想办法！"

金鱼草如愿以偿，跟父母和弟弟一起住进了别人赠送的别墅，她把钱、首饰、现金都算得很清楚，辞掉了工作，真正过上了"阔太太"的生活。

但是，在听说前夫再婚的时候，金鱼草还是忍不住泪流满面，想起了跟丈夫之间的各种美好往事。第二天她去商场购物时，在停车场有人拦住了她："金鱼草，是你吗？"

金鱼草没认出来，这就是当年她拒绝过的男同学，看他的样子也早已颇有身家。

金鱼草恍惚着应酬了几句，赶紧回到家里，开始反思自己毕业这六年来走过的路。即使在物质上应有尽有，但是一切都按照功利的方向去作选择，违背了自己的本心，这难道能叫做幸福吗？

大房子里如果没有心心相印的爱、彼此的呵护和扶持，那就不能叫做家。有的只是一个人对另一个人的施舍，肉体和金钱的交换，这样的关系也谈不上是什么真爱。

如果我们把婚姻当做改善自己生活最直接的途径，把爱情当成一张进入"更好的生活"的门票，那么，我们势必要付出代价。同样，在财产权和物权的归属越来越明确并受到法律保护的今天，想要因为婚姻而获得利益，难上加难。

《婚姻法》解释（三）中最受瞩目的是关于房产的部分：

第七条 婚后由一方父母出资为子女购买的不动产，产权登记在出资人子女名下的，可按照婚姻法第十八条第（三）项的规定，视为只对自己子女一方的赠与，该不动产应认定为夫妻一方的个人财产。

也就是说，房子写了一方的名字，并不能作为婚后共同财产来分割，而是要根据婚前谁来出资而定。

同样，合资购房谁付了首付，之后共同还贷，也要根据房子现在的价值，来一一明确分割的比例，多出多得，少出少得。

新规定的出台让很多人恐慌并且愤愤不平，有人赶紧去办理手续，在房产证上补上自己的名字，也有人干脆出言抨击新条文“没有人性”，“抹杀了另一方的贡献”，“不如干脆说是把儿媳妇扫地出门”……

还有人列举出了女方诸多的“吃亏”之处：

为了家务操劳，养育儿女，因为家庭和生育拖累工作，影响前途；男方的钱用去供房，女方的钱负责家用，等到离婚时一个的钱看得见，另一个的钱看不见……多么不公平！

也有一些人高高举手赞同：这下好了，无论男方还是女方，想趁着结婚占便宜，两手空空就想分走一半房产的，做梦去吧。

法律是基于现实的需求而定，越来越高的离婚率和相关财产的纠纷，是出台这个新规定的社会背景。而对于社会的飞速发展，个人财产在增加，因为婚姻关系而产生的“共同财产”的界定，也需要越来越详细的说明。

无论男方或者女方，没有人愿意在感情破裂之后，再承受财产上的损失。当然，根据对方对家庭贡献的多少，权衡补偿的部分，是可以协商的。

《婚姻法》解释（三）再次打破了很多人对婚姻的幻想，理智、平等、互相尊重、互有奉献，才是现代婚姻的原则。

独立才是真正的财富

想当然地认为“我的就是你的你的就是我的”，“我是女方我当然付出比较多”，“婚姻让我贬值所以要赔偿我的损失费”等等看似有理其实完全经不起推敲的说法，在法律的面前显得不堪一击。

女性是天然的弱者吗？女性在婚姻中注定是奉献和牺牲的一方吗？

其实，就房产归属来看，如果是女方婚前购买的房屋，或者是女方父母出资购买的，一样受到法律的保护，不会因为离婚就平分给男方。

共同还贷，包括装修的部分，只要有充分的物证，一样可以保证自己的财产不因为离婚就化为乌有。

一味去强调“离婚分财产的话我注定是受害者”，“为婚姻我损失了青春，财产上还不应该有点赔偿”之类的论调，对现实毫无帮助。

《婚姻法》解释（三）的出台，对每个思考婚姻的人士，都是一个提醒，提醒我们是否真正清楚明白地掌握着自己的生活。

我们的房产归属、财产分配、个人债务和家庭债务、日常消费支出，以后的养老保险等各种财务账，是清晰、明确，还是一团糟，根本没有头绪？

那种“我懒得管钱”、“天生没有数学头脑”、“太算计了就不像一家人”的想法，需要马上更新和升级。

财产给了我们更多生活的保障和自由，在婚前先考虑好财务问题，商量出一个解决的办法，未雨绸缪，对两个人都是保护。

有很多人在婚前做了财产公证，有一些更细致的财产方面的约定，包括万一婚内对方有过错的话，财产分割应该如何分配的条款。这些都会帮助我们在婚姻不幸破裂时，起码抓住自己应得的部分，不受额外的损失。

同样，对于一些仅仅是为了改善生活条件而结婚的人，指望靠着婚姻就想获得更多财产的人来说，这也是一针“清醒剂”，提醒我们做人要独立，还是靠自己的能力获得报酬最可靠。

如果认定了“我就是弱者”、“我一定是吃亏的一方”，那么，也请尽快在婚内就跟伴侣明确出财产的归属，省得真的到了离婚的时候，一切消极的预感都变成真实。

法律对财权和物权的保护，会在客观上支持个人“独立”的原则，而这也恰恰是对于婚姻而言，很多人主观上往往会忽视的部分。

一家人不能分太清楚！

你中有我我中有你。

好好地谈什么离婚，太晦气了！

……

现实会让你看到，一切暧昧不明的部分，离婚时都会受到法律的追问，从房屋、存款，到投资理财，再到保险和养老金，相关的条文会越来越细致。

所以，无论男女，保证自己的独立，有一份能施展才能并获得报酬的工作，有属于自己的财产，不管是立足社会还是谈婚论嫁，都显得十分重要。

一味幻想着依靠他人实现梦想，靠着伴侣的家境和财力过上好的生活，请注意，等到感情破裂离婚时，一切都会回到原点，即使对方出于怜悯分一些财产出来，那也并不真正属于你。

无论是在现实中，还是在心态上，不要把自己放在“受害者”的位置上，“我始终在吃亏，始终在受害，恋爱和婚姻对我来说都是折磨，是悲惨的遭遇”，带着这样黑暗的想法生活，无论你自己有多少财产，还是从对方手里分到多少财产，人生仍然是一片黑暗。

婚前靠着父母出资才能住上大房子，等到离婚又要把父母牵扯进来的小夫妻们，请尽早理解“独立”的含义，有些人终生不能断奶，大小事情都要父母参与意见，提供帮助，这样的人并不是高枕无忧，反之，他们丧失了为自己做主，去独立生活的能力。

而那些一毕业就开始打拼，为了生活奋斗，在出租屋里结婚的年轻人，共同奋斗而来的，不仅仅是一份共同的财产，更是精神上的财富。

请好好珍惜，互相包容、理解，坚持下去。直到你们变成一对老夫妻，住在自己的房子里，给后代们讲当年一起为了房子而努力工作的故事，这才是问心无愧的人生。

如果我们相爱而不能到老，那也让我们保持住起码的尊严，互相尊重，和平分手。

因为财产分割而纠结、仇恨、痛苦不堪的怨偶们，他们损失的不仅仅是财产，还有一份平和坦荡的心情。

财产多少都有用完的时候，而健康正直的心，带来的愉快和安宁，才是更重要的财富。

如果我们相爱而不能到老，
那也让我们保持住起码的尊严，
互相尊重，和平分手。

Helen 的18个婚恋主张

1. 做一个独立的人，保持经济和精神双方面的独立。

2. 结婚应该是两个独立、成熟的人作出的决定。

3. 要相爱，在相爱的基础上考量各种现实条件。

4. 美好的婚姻，来源于美好的心态和两个人的共同努力。

5. 我们随时可以改善自己的婚恋状况，从自己的心开始。

6. 双方的付出和索取要保持均衡。

7. 说出自己的要求和感受，保持良好的沟通是解决问题的前提。

8. 要了解对方的真实想法，耐心地听对方把话说完。

9. 积极的心态和行动带你通往幸福的婚姻。

10. 了解自己，爱自己；学会了解对方，爱对方。

11. 爱不是几句甜言蜜语，爱是忠诚、理解、包容、信任、尊重。

12. 重点放在方向和原则上，不要苛求细节而忽略生活的本质。

13. 你们是两个完全不同的人，不要强求对方跟你一样。

14. 不要把伴侣当成自己的出气筒或情绪垃圾箱。

15. 不要做宠物，也不要要求宠物的待遇。

16. 争执不是为了证明谁是正确的，是为了解决问题。

17. 不要在失败的婚姻中浪费人生，总是活在抱怨、悲叹、痛苦中。

18. 不要害怕改变，改变是前进的第一步。

后记：请相信你的心，正一直走向幸福

本书作为一个帖子，诞生于2009年3月8日，迄今有超过150万的点击率和近万个回帖，这是一次热烈的、漫长的开放式讨论，到现在仍然在继续。

其中，有人不断质疑："我们真的要准备好了才能结婚吗？""不是想太多就是结不成婚了吗？"

同样，也有越来越多的朋友赞同我的观点，给了我最大的信任和肯定，他/她们跟我一样相信：婚姻与恋爱同样需要理性和常识，独立和自爱才是解决问题之道。

有一些朋友在分手后，反而找到了更加幸福和快乐的生活方式，并因此结识了更适合自己的人。还有一些朋友在参与讨论之后，及时地反省了自己与伴侣的相处，让感情生活更加融洽、幸福。也有真正聪明的朋友来分享经验：在结婚前早已事无巨细地经过一番探讨，共同生活毫无障碍，并且能发掘出更多有趣和快乐的生活小点滴。

婚姻，需要准备，需要思考和反省，更需要健康明朗的内心去好好面对。关于成长，我们不可能事事都预先了解，但及时知道那些我们所必须知道的事实，却是经常被忽视的。

小说、流行歌曲和电视剧影响了一代代年轻人最初的情感教育，让人脱离现实，看不到真相和重点。对于婚恋情感，市面上又流行着大量廉价、功利的价值观，孜孜不倦教人走近路，学习“技巧”，本质不过是通过各种手段去控制伴侣，让对方顺从自己，想方设法，不择手段，找到对自己有利的位置。

我们不可能活在偶像剧和爱情电影里。我们听从一些情感专家的教导，非要让自己变成“八面玲珑”，每件事上都占尽便宜，靠着伴侣就可以得到一切的“聪明人”，失去的是内心最可贵的原则：自尊，自爱。

婚姻不是风花雪月，但风花雪月可以成为婚姻的调味品。婚姻也绝不仅仅是鸡毛蒜皮，虽然鸡毛蒜皮占据了婚姻大部分的时光。婚姻更不是爱情的坟墓，爱情在婚姻中会散发出更灿烂的光芒。

婚姻是同舟共济，相濡以沫，婚姻是携手同行，比翼齐飞，最好的事情就是一个独立成熟的人，跟另一个独立和成熟的人，因为相爱，建立起一个健康、温暖、愉快的家庭，白头偕老，一生幸福。

如果因为各种原因，婚姻不能继续，那么一样可以全身而退，保持自我的独立和完整，继续自己的人生，继续寻找更适合自己的伴侣。

婚姻是重要的，但并不是婚姻就要决定一个人的人生，我们要成为什么样的人，过什么样的生活，和谁结婚，结婚几次，这是由我们自己决定的。

婚姻跟其他的人际关系一样，说到底是我们自己的修炼，不要把注意力完全放在伴侣身上，也不要过度自恋，随时在生活中观察、思考、提升自己，让我们的心更宽广、安宁、喜悦。

请相信你的心，正一直走向幸福。因为追求爱与幸福，是我们的天性。请抛弃诸多偏见的束缚，义无反顾地奔向你的理想。

我在帖子里、信箱里，乃至这本书中，反复强调的主题就是，做独立的人，走自爱的路，无论单身还是结婚，都要过得从容和幸福。

这个帖子也有幸受到了诸多出版单位的关注，在这里我要特别感谢博集天卷公司，他们是最早联系我的出版方之一，也是我最后确定的合作伙伴。编辑原宁辰的认真和热情，促使我不断地修改和订正这本书的内容，让一个四处流传的网帖，变得较为严谨和丰富，以图书的形式呈现在大家的面前。

最后，还是要感谢亲爱的网友们，你们是最初的读者，你们的提问和故事也激发了我的写作。

漫长人生，成长是永远的功课，让爱与幸福陪伴着我们，勇敢前行。

海伦

2010年10月第一稿

2011年11月6日二稿

2012年1月9日定稿

图书在版编目（CIP）数据

婚前算清楚，婚后过明白 / 海伦著．—长沙：湖南文艺出版社，2012.3
ISBN 978-7-5404-5392-3

Ⅰ．①婚… Ⅱ．①海… Ⅲ．①女性—婚姻—通俗读物
Ⅳ．① C913.13-49

中国版本图书馆 CIP 数据核字（2012）第 032294 号

上架建议：女性·情感·励志

婚前算清楚，婚后过明白

作　　者：海　伦
出 版 人：刘清华
责任编辑：丁丽丹　刘诗哲
监　　制：伍　志
策划编辑：原宁辰　杨清钰
营销编辑：刘菲菲
版式设计：李　洁
封面设计：零三二五艺术设计
出版发行：湖南文艺出版社
（长沙市雨花区东二环一段 508 号　邮编：410014）
网　　址：www.hnwy.net
印　　刷：北京世纪雨田印刷有限公司
经　　销：新华书店
开　　本：880mm × 1230mm　1/32
字　　数：139 千字
印　　张：7.5
版　　次：2012 年 3 月第 1 版
印　　次：2012 年 3 月第 1 次印刷
书　　号：ISBN 978-7-5404-5392-3
定　　价：26.00 元

请相信，

每个人都拥有幸福的权利，

都拥有创造幸福的能力。